Alexandra Reinwarth
Am Arsch vorbei geht auch ein Weg
– JETZT ERST RECHT –

Holen Sie sich das ultimative
»Am-Arsch-vorbei«-Lebensgefühl
unbedingt auch online unter
www.am-arsch-vorbei.de
oder besuchen Sie uns auf Facebook.

Bibliografische Information der Deutschen Nationalbibliothek
Die Deutsche Nationalbibliothek verzeichnet diese Publikation in der Deutschen Nationalbibliografie. Detaillierte bibliografische Daten sind im Internet über http://dnb.d-nb.de abrufbar.

Für Fragen und Anregungen
info@mvg-verlag.de

Originalausgabe
1. Auflage 2021
© 2021 by mvg Verlag, ein Imprint der Münchner Verlagsgruppe GmbH
Türkenstraße 89
80799 München
Tel.: 089 651285-0
Fax: 089 652096

Alle Rechte, insbesondere das Recht der Vervielfältigung und Verbreitung sowie der Übersetzung, vorbehalten. Kein Teil des Werkes darf in irgendeiner Form (durch Fotokopie, Mikrofilm oder ein anderes Verfahren) ohne schriftliche Genehmigung des Verlages reproduziert oder unter Verwendung elektronischer Systeme gespeichert, verarbeitet, vervielfältigt oder verbreitet werden.

Redaktion: Iris Rinser
Umschlaggestaltung: Isabella Dorsch
Umschlagabbildung: Shutterstock.com/amnat11, Borja Andreu, Donnay Style, Fourleaflover
Layout: inpunkt[w]o, Haiger
Satz: Andreas Linnemann
Druck: CPI books GmbH, Leck
Printed in Germany

ISBN Print 978-3-7474-0218-4
ISBN E-Book (PDF) 978-3-96121-574-4
ISBN E-Book (EPUB, Mobi) 978-3-96121-575-1

Weitere Informationen zum Verlag finden Sie unter
www.mvg-verlag.de
Beachten Sie auch unsere weiteren Verlage unter www.m-vg.de

INHALT

Einleitung 7

1. Das Leben genießen 9

2. Die Schule................................. 21
      Die Büroklammern 22
      Das Kind mag Frau Sträubig nicht 28
      Hausaufgaben 31
      Angebot 34

3. Das darf man nicht 43
      Das darf man nicht wegen PEINLICH............. 44
      Das darf man nicht wegen UNCOOL 53
      Das darf man nicht wegen TRADITION!............ 60
      Das darf man nicht, weil BELDEIDIGT!............ 68
      Das darf man nicht, weil man sonst
      ein SCHLECHTER MENSCH IST!................ 75

4. Trennungen............................... 81
      Fehler des Partners bleiben 90
      Keine Groll-Umleitung 92
      Das Urteil anderer Leute 96

5. Liebe **99**
   Kriterien. 108
   Sich-schon-mal-vorab-über-irgendetwas-sorgen-
   das-noch-nicht-mal-eingetreten-ist-und-eventuell-
   auch-nie-eintreten-wird:. 112
   Die Hochzeit des Ex 121
   Apropos: die Neue. 122
   Der Mann 128
   Normen 132

6. Benny Bärenstark **139**
   Die, die sich für alles verantwortlich fühlen. 140
   Die, die alles unter Kontrolle haben müssen 145
   Die, die alles wollen 148
   Die starken Helferinnen. 150

7. ... und irgendwas ist ja immer! **153**

8. Vollspackos. **159**
   Vollspackos im echten Leben. 160
   Vollspackos im Internet 171
   Vollspackige News 175

9. Warum das so wichtig ist **181**
   Und noch ein paar Bonusfragen,
   über die es sich lohnt, nachzudenken:. 187
   Über die Autorin 189

EINLEITUNG

Herzlich Willkommen bei *Am Arsch vorbei, Teil 2*! Oder wie der Titel bei mir zuhause heißt: *Am Arsch vorbei reloaded*.

Ich hätte das Buch auch gerne offiziell so genannt, aber mir wurde angetragen, das klinge ein bisschen nach einem Filmtitel bei YouPorn – und zwar nach einem von denen, auf die man unter gar keinen Umständen klicken sollte.

Entstanden ist dieses Buch, weil die großartige Erkenntnis aus dem ersten Teil (heruntergebrochen: *Das Leben ist schöner, wenn man den Mist weglässt*) weite Kreise gezogen hat. Das Leben ist ja schier voll von Dingen, Leuten und Umständen, die man sich eigentlich am Arsch vorbeigehen lassen sollte!

Manchmal reift diese Überzeugung langsam, aber oft taucht auch ganz plötzlich etwas oder jemand auf, und man weiß sofort: »Ach schau, schon wieder einer!« Also wie Liebe auf den ersten Blick, nur anders.

Seit ich das Arsch-vorbei-Prinzip in mein Leben integriert habe, ist es deutlich schöner geworden – weniger Idioten, weniger Ärger, weniger schlechtes Gewissen und weniger Momente, in denen ich mich permanent frage: Was mache ich hier eigentlich?

In wilden Zeiten (während einer Pandemie zum Beispiel), in denen man noch viel mehr aufpassen muss, sich nicht von einem Nervenzusammenbruch zum nächsten zu katapultieren, ist das noch wichtiger geworden. Und um diesen ganzen Mist wegzulassen, der da so auf uns einströmt … mit ein bisschen Achtsamkeits-Kladderadatsch kommen Sie da nicht weit. Da braucht es schon die Mistgabel.

    Gehen wir's an.

1. DAS LEBEN GENIESSEN

Das ist ja eines der Dinge, die man echt hinkriegen muss. Wenn Sie Ihr Leben nicht genießen, haben Sie auf ganzer Linie versagt. Zusammen mit der Aufforderung, das Leben zu genießen, heißt es auch noch obendrein, man solle dies »einfach« tun. *Einfach das Leben genießen!* – das klingt so wunderbar und so kinderleicht, nur ein total verkrampfter Depp kann das nicht. Der Depp bin ich.

Während die ganze Welt anscheinend permanent strahlend am öffentlichen Leben teilnimmt und dort unfassbar schöne Erfahrungen macht, erhole ich mich immer noch vom Grillabend von letzter Woche und mache schon wieder »nichts« dieses Wochenende.

»Was macht ihr am Wochenende?«

»Nichts.«

Das ist ein häufiger Dialog. Ich mache gerne nichts, habe aber im Angesicht der vielen ungenutzten Möglichkeiten, »etwas« zu machen, schon ein schlechtes Gewissen, wenn ich das Stadtmagazin aufschlage und dort sehe, was ich wieder alles nicht machen werde. Dazu brauche ich aber nicht mal das Stadtmagazin, es gibt ja Leute, die sind so eine Art wandelnder Veranstaltungskalender. Jana ist so eine. Egal, wann ich mit ihr spreche, erzählt sie von anstehenden Vernissagen, Konzerten, Kabarettveranstaltungen und Lesungen, oder sie erzählt vom letzten Straßenfest, dem prämierten Kinofilm, den sie letzte Woche gesehen hat oder dem Mittelaltermarkt. Der war auch klasse. Jana kennt das neue schicke Restaurant, von dem man schon so viel gehört hat, die wieder eröffnete Dachterrassen-Bar, sie war auf dem Event von Dings und auf der Messe Bums, und jetzt ist ja bald das Festival Doppelbums, ich käme doch mit?

Seit das Kind da ist, hat sich das schlechte Gewissen nochmal potenziert, denn jetzt versaue ich dem auch noch das Leben. So fühlt es sich zumindest an, wenn ich nach einem langen Wochenende nur mit dem Kopf schüttle, während die befreundete Mutter fragt, ob wir am Wochenende auch auf dem li-la-lustigen Flohmarkt oder bei der Aufführung des Marionettentheaters *Wilde Maus* waren. Nicht? Und was ist mit dem Workshop für Kinder, den das naturwissenschaftliche Museum angeboten hat? Wo Kinder mit kleinen Holzwerkzeugen »mit allen Sinnen« erfahren dürfen, wie man nach Silbererz schürft? Auch da waren wir nicht. Wir waren im Park.

Das erste Mal, dass ich seit langem völlig unbeschwert »nichts« getan habe, ohne diese diffuse Idee im Hinterkopf, eigentlich müsste ich gerade irgendwas genießen, war, als wir wegen Corona alle eingesperrt waren und sämtliche Veranstaltungen, Konzerte und Mittelalter- sowie Flohmärkte abgesagt waren: Da machten nämlich alle nichts. Das war ein bisschen befreiend – aber das kann man ja niemandem sagen, so etwas. Während es um mich herum ächzte und stöhnte, wie elend es sei, dass X abgesagt ist, Y nicht stattfindet und wer weiß, wann man je wieder Z-en könnte, nickte ich verständnisvoll. Dann machte ich mir noch einen Kaffee und genoss weiter klammheimlich diese eigenartige Ruhe.

Es ist ja nicht so, dass ich es nicht versucht hätte.

Ich war in meinem Leben auf mehreren Festivals, komplett mit Übernachtung im Zelt, Vollrausch und wildem Rumgeknutsche mit völlig Unbekannten. Ich weiß aber auch noch, wie das Festivalgelände roch, der eigene Atem am nächsten Morgen, von den sanitären Einrichtungen in Form von DIXI-Klos und deren unmittelbarer Umgebung ganz zu schweigen. Ich weiß auch, dass an Schlafen nicht zu denken war, wegen des harten Untergrunds, des dünnen Schlafsacks und des Unbekannten, und dass ich am nächsten Morgen meine Seele für eine Dusche und einen Kaffee verkauft hätte – und dann mussten wir noch eine Nacht bleiben! Auf Konzerten habe ich bedingt Spaß, weil man sich immer entscheiden muss zwischen Bier trinken und sich permanent durch eine Menschenmenge zum Klo wühlen, sich zurück wühlen mit dreitausend Mal »Entschuldigung …« sagen – oder kein Bier trinken und sich in der angeheiterten Menge herumschieben lassen, und alle drei Minuten drängt einen jemand mit »Entschuldigung …« zur Seite. Das ist alles so anstrengend. Ich verstehe inzwischen den Reiz von bestuhlten Konzerten! Auch das kann man nicht laut sagen – kein richtig geiles Selfie von wilden, verschwitzten, glücklichen Menschen, die sich umarmen und gemeinsam euphorisch in die Kamera grölen, ist auf einem bestuhlten Konzert entstanden.

Ich merke sogar, dass das Schönste an vielen Veranstaltungen, zu denen ich gehe, die Zufriedenheit ist, wenn ich wieder nach Hause komme: als hätte ich etwas absolviert, und nun kann ich endlich die Schuhe in die Ecke schmeißen und mich auf den Balkon setzen – ganz ohne schlechtes Gewissen. Auch Partys haben an Genuss deutlich eingebüßt: Ich weiß noch genau, dass Partys mal ganz toll waren, das ging beim ersten Schwofen in irgendeinem Reihenhaus-Hobbykeller los und war ein Riesenspaß! Auch wenn man irgendwann auf einer malvenfarbenen Kloumpüschelung eines elterlichen Badezimmers kniete und geräuschreich den Cointreau von sich gab.

Und als dann die ersten eine eigene Wohnung hatten! Das Wegrutschen der Möbel, die Badewannen voller Nudelsalat und die unzähligen Flaschen Wein, die alle mitbrachten – um immer zuerst alle Biervorräte wegzutrinken. Wen kümmerte schon diese oder jene Fensterscheibe, Edding-Kritzeleien an der Klowand oder eine Alkoholvergiftung? Bevor nicht die Polizei da war, war es keine Party.

Nicht, dass ich genau das wiederhaben will, aber ich erinnere mich klar und deutlich, dass ich das damals toll fand. Dann ist das Leben passiert, und plötzlich saß man auf einer Geburtstagsfeier bei Leuten, die man ewig nicht gesehen hatte, auf deren viel zu geraden Esszimmerstühlen bei einem »schönen Glas Rotwein«, und es wurden einem Zettel mit dem Namen einer berühmten Persönlichkeit auf die Stirn geklebt, die man durch Fragen erraten sollte. Und wenn es ganz wild wurde, kramte jemand aus seiner Playlist einen Hit von früher aus, und es wurde im Wohnzimmer etwas getanzt. In Socken und bei moderater Lautstärke, damit die Kinder oben nicht wach werden. Da war es fast eine Erleichterung, wenn man zum Rauchen auf den Balkon musste.

Das ist natürlich nicht immer so – es gibt auch Partys, die ganz großartig verlaufen. Wenige. Es gibt auch Mittelaltermärkte, die großartig verlaufen – mit Nutella-Crêpes und all den tollen Sachen, die es im Mittelalter so gab (WTF?). Und Lesungen. Und Vernissagen. Es gibt natürlich auch viele private Unternehmungen, die ich zum Teil sogar selbst anleiere. Ich freue mich, meiner alten Freundin Dagmar die Stadt zu zeigen, wenn sie zu Besuch kommt, ich verabrede mich zum Abendessen mit den Freundinnen, ich will zur Eröffnung des neuen Biergartens und mit dem Kind ins Wellenbad. Selbstverständlich auch endlich zu Suse und Klaus, die sich ein Bauernhaus eine Stunde außerhalb gekauft haben, zum Mittagessen mit der Ex-Kollegin, und die Idee von meinem Lieblingsnachbarn, ein Nachbarschaftsfest zu veranstalten, finde ich natürlich: toll! Finde ich wirklich! Und wann schlendere ich eigentlich mal wieder mit Jana durch die Geschäfte? Lauter Dinge, die ich gerne tue – wenn ich also das Leben genießen will, muss ich mehr von diesen Dingen tun. Und wenn ich an »das Leben genießen« dann noch den Vorsatz »aus vollen Zügen« dranhänge, dann muss ich aber richtig ranklotzen: dann sollte ich Trekkingtouren machen, versonnen auf Berggipfeln sitzen, vormittags raften, mittags mit Freunden grillen und abends romantisch mit dem Mann meiner Träume bei einem Kerzenschein-Dinner sitzen. Vielleicht noch zwischendurch mit einem Buch in der Hängematte liegen. Das ist ja kaum zu schaffen. Und das ist das Problem.

Wenn ich nach einem vollen Arbeitstag mit seinen blöden Mails, dem kaputten Drucker, dem Brief vom Finanzamt und all seinen Herrlichkeiten nach Hause komme, Essen für das Kind zubereite (»Iiiieeehh, was ist DAS denn?«), mich mit ihm in die Haare kriege (»Warum sind die Hausaufgaben nicht gemacht?«) und mir schon vor dem nächsten Tag graut, dann kann ich mich noch so lange bei Kerzenschein in eine Badewanne legen, das wird nichts mit dem Leben genießen. Das muss ich irgendwie am Wochenende hinkriegen! Also werden jede Menge Sachen geplant, auf die man schon am Samstag in der Früh nach dem Aufwachen keinen Bock hat. Das Leben zu genießen ist ganz schön anstrengend.

Es gibt eine sehr schöne alte Tierdokumentation (die beste), sie heißt *Animals Are Beautiful People*, zu deutsch auch *Die lustige Welt der Tiere*. Abgesehen davon, dass sich die Affen, Elefanten, Warzenschweine und Giraffen an vergorenen Früchten einen gehörigen Rausch anfressen und dann sehr menschlich herumtorkeln, und vielen anderen wunderbaren Aufnahmen, gibt es eine Szene, wegen der ich Ihnen diesen ganzen Tier-Schmonz erzähle: Hinter irgendeiner Düne in der Wüste entdecken ein Erdmännchen und eine Zebramanguste ein Ei. Zebramangusten, wenn Sie die nicht parat haben, sind so etwas wie Erdmännchen in größer, plumper und nicht ganz so niedlich. Beide wissen, dass in dem Ei eine Delikatesse versteckt ist und versuchen nun, da irgendwie ranzukommen. Die Zebramanguste hat dafür einen tollen Trick parat: Sie stellt sich mit dem Rücken vor einen Stein, packt das Ei mit den Vorderpfoten, stellt sich auf die Hinterbeine und wirft das Ei dann mit Schwung durch die Hinterbeine hindurch gegen den Stein – voilá! Das Erdmännchen hingegen bekommt fast einen Nervenzusammenbruch. Weil es gewohnt ist, seine Nahrung, die überwiegend aus Insekten besteht, durch eifriges Graben zu finden, tut es instinktiv genau das: es gräbt. Und gräbt und gräbt und gräbt. Neben dem Ei, unter dem Ei und um das Ei herum. Mit überschaubarem Erfolg.

Das Erdmännchen, falls sich schon jemand gefragt hat, wohin die Geschichte führen soll, sind wir, und das Innere des Eis, das wir so gerne hätten, ist diese selige Zufriedenheit, die einen das Leben genießen lässt.

Statt eines tollen Tricks wie die Zebramanguste haben auch wir nur die gleichen Methoden wie immer parat, wenn wir etwas erreichen wollen. Wir fragen uns, was wir tun können:

Wie können wir mehr »Genussmomente in den Alltag einbauen«, wie können wir uns besser um uns »kümmern«, was können wir uns »gönnen«, was »zelebrieren«, was »lernen«, »genießen« oder »feiern«, was »müssen wir loslassen« und wie schaffen wir es, das Leben so richtig »auszukosten«. Wie können wir »noch achtsamer sein«, noch mehr Sinneseindrücke »bewusst erfahren« und »in uns hineinspüren« und den ganzen Mist. Nicht zu vergessen, »dankbar zu sein« – das ist ja auch ganz wichtig! Bauen Sie das noch irgendwie mit ein! Wenn Sie sich dieser Logik ergeben, auf schlauen Seiten im Internet recherchieren, sich ein Buch zu der Thematik kaufen, vielleicht sogar einen Newsletter von einem Lebens-Lifestyle-Achtsamkeits-Coach abonnieren, dann stehen Sie eventuell irgendwann in einem Wald und versuchen abzuschalten, während Sie diese Punkte abarbeiten:

- Augen zu,
- Sonne auf der Haut spüren,
- Geruch wahrnehmen,
- auf Vogelgezwitscher hören.

Oder, das kommt allen mit einem natürlichen Hang zu Süßkram entgegen: Sie »erkunden« ein Stück Schokolade »mit allen Sinnen« und stellen sich dafür solche Fragen:

- Wie fühlt es sich an?
- Wie riecht es?
- Schmilzt es schon etwas in deinen Fingern, und wie fühlt sich das an?
- Wie fühlt es sich im Mund an?
- Wie verteilt sich der Geschmack im Mund?
- Wie verändert sich die Konsistenz im Mund?

Ich hab' das nicht erfunden, das sind beides tatsächlich Übungen zum inneren OMM. Sein wir ehrlich – die einzig vernünftige Frage, die sich in dieser Situation stellt, ist doch: Wo ist der Rest der Tafel?

Diese ganzen Anleitungen sind Anleitungen für Erdmännchen. Sie sagen Ihnen nur, wo oder wie Sie noch graben könnten und was Sie noch tun könnten. Das kommt uns auch überhaupt nicht komisch vor, denn wir sind das so gewohnt: Wenn man A will, muss man B dafür tun. Das heißt, ich muss erst mal B und C, D, E, F und so weiter erledigen, um zu A zu kommen. Das ist in diesem Fall allerdings Käse, denn es ist genau andersherum. Die Gleichung heißt nicht:

Wenn ich alles richtig mache,
finde ich Frieden und Glückseligkeit.

Sondern sie geht so:

Wenn ich Frieden und Glückseligkeit gefunden habe,
ist alles richtig.

Die erste Variante liegt uns aber viel mehr, schließlich funktioniert unser ganzes Leben so: Wenn ich Geld verdienen möchte, muss ich arbeiten, wenn ich einen guten Beruf ergreifen möchte, muss ich gute Noten schreiben, wenn ich Karriere machen möchte, muss ich mich reinhängen, egal was ich erreichen möchte, ich muss etwas dafür tun.

Das ist der eine Teil der Krux. Der andere besteht aus der Erfahrung, dass es für jedes Anliegen ein entsprechendes Angebot gibt: Wir lösen Probleme und Anliegen mit Konsum.

Ein Großteil aller Produkte und Leistungen, die uns so angeboten werden, prahlen damit, irgendein Problem zu lösen. Und wenn es nur sprödes Haar ist. Dieses Nahrungsmittel macht Sie schlanker, jenes hilft gegen brüchige Fingernägel, und wenn Sie Dingsbums essen, kurieren Sie ihren Darm. Gegen Fältchen hilft die Creme XY, gegen Verdauungsbeschwerden diese Pille, und wenn Sie nicht schlafen können, brauchen Sie nur das da nehmen. Wir haben ein Produkt gegen gelbliche Flecken auf weißer Wäsche zuhause, eine Anleitung auf YouTube hilft, den muffigen Geruch der Waschmaschine zu eliminieren, und wenn man eine Grippe hat, konsultiert man den Arzt. Can we fix it? Yes we can! Bei Dings hilft Bums, und wenn gar nichts mehr hilft, hilft die Versicherung.

Eine Armee von Problemlösern ist permanent damit beschäftigt, jedes Unbill in unserem Leben in Ordnung zu bringen – von der kaputten Windschutzscheibe über Schädlingsbefall und die Steuererklärung bis hin zum Loch im Zahn. Wer Stress in der Beziehung hat, kann zur Paartherapie, wer eine verstopfte Halsschlagader hat, kann zum Chirurgen, und wenn Sie nicht wissen, wer Sie in einem früheren Leben waren: Auch dafür gibt es Spezialisten, die Ihnen gerne dabei helfen, das herauszufinden. Sie können online und mittels Meditation Ihre innere Mitte finden und sich auch gleich mit Ihrem inneren Kind anfreunden, wenn Sie eh schon da sind. Alles das wird einem angeboten – selbst schuld, wenn Sie es nicht machen.

All diese Dinge, zumindest fast alle, sind natürlich großartig (besonders das mit der Schädlingsbekämpfung). Unser Leben wäre überhaupt nicht denkbar, wenn es all diese Problemlöser nicht gäbe, und wir könnten ruhig alle mal aus Dankbarkeit auf den Knien nach Altötting rutschen.

Diese tolle Sache hat aber unser Hirn zu dem Umkehrschluss verleitet, dass es auch für jedes Problem tatsächlich eine Lösung gibt, man muss nur herausfinden, welche das ist. Ganze Branchen leben von unserem unaufhörlichen Suchen nach dem Erleben und liefern stetig ein riesiges Angebot – und wir meinen, wenn wir es nutzen, kommt der Genuss.

Blöderweise funktioniert aber genau diese Herangehensweise bei den essentiellen Dingen überhaupt nicht. Es gibt nicht diese Liste mit Dingen, die wir abarbeiten können, und wenn wir die erst alle erledigt haben, dann werden wir endlich zu diesen gelassenen, selig lächelnden Wesen, denen der kaputte Drucker egal ist, die zufrieden sind mit ihrem Leben und rundherum glücklich.

Das Absurde ist: Wenn man sich darauf besinnt, dass weniger mehr ist, kann man das auch gleich konsumieren: im Schweigekloster, im Wellnesshotel, mit einem Weniger-ist-mehr-Ratgeber oder beim Achtsamkeitstraining.

Also wenn Sie jetzt noch schnell einen Waldspaziergang machen wollen, weil sich für morgen die Familie angekündigt hat und Sie für die noch einen Kuchen machen wollen, und wenn Sie deswegen noch einkaufen gehen müssen, die Eier vergessen und dann nochmal losmüssen, wenn Sie außerdem mit dem Backen fertig werden wollen, bevor Anne kommt, die Lieblingssendung anfängt, der Drucker abgeholt wird, die Wäsche fertig ist, Mama anruft, es acht ist und Sie sich verabredet haben, oder wenn Sie einfach in Eile sind, weil Sie heute noch Ihren Achtsamkeitsratgeber lesen wollen, oder wenn Sie bis morgen früh, wenn der Mittelaltermarkt losgeht, noch Dings und Bums erledigen wollen – wenn Sie sich dann ein bisschen beeilen, dann können Sie die kleine Runde durch den Wald durchaus schaffen. Sie können sogar zwischendurch stehenbleiben und die Punkte:

- Augen zu,
- Sonne auf der Haut spüren,
- Geruch wahrnehmen,
- auf Vogelgezwitscher hören.

abhaken. Aber, Überraschung: Der Brüller in Sachen innerer Frieden wird das nicht. Ich möchte sogar wetten, dass Ihnen, während des »auf Vogelgezwitscher Hörens« kurz der Gedanke durch den Kopf schießt, wie lange man das denn nun machen soll.

Die Stimmung, in der so ein Spaziergang ein Brüller wird, (wobei es völlig egal ist, ob es ein Spaziergang ist oder ob Sie Wäsche zusammenfalten) ist die Stimmung, die viele nur noch aus der Erinnerung kennen:

Können Sie sich daran erinnern, wie es war, als Sie ein Kind waren und Sommerferien hatten? Diese langgezogenen Tage, man wusste nicht genau, welcher Wochentag war, und die Zeit war so ereignisarm, dass Vorhaben dadurch entstanden, dass man dachte: »Ich könnte ja mal ...«, und dann tat man irgendwas. Teilweise verlor man sich so in diesem irgendwas, dass man erst merkte, dass der Tag vorbei war, weil es dunkel wurde. Wenn Sie in dieser Stimmung in den Wald gehen, tun Sie diese ganzen Achtsamkeitsdinge ganz automatisch.

Das Problem ist, niemand macht dafür Werbung, weil damit einfach keine müde Mark zu verdienen ist. Vielleicht kommt das Wort »einfach« in dem Spruch »einfach das Leben genießen« eher von den schlichten Dingen, dem Nichtkonsumieren. Nicht von »es geht leicht«.

NOTIZ AN MICH SELBST

Es gibt ein Überangebot, das einem den Eindruck vermitteln kann, man sollte viel mehr unternehmen.

Man kann sogar so etwas wie ein schlechtes Gewissen bekommen, weil man so viel verpasst.

Es ist ein Trugschluss, man müsste etwas »tun«, um mehr Genuss ins Leben zu bringen.

Es ist außerdem ein Trugschluss, dieses »Tun« wäre etwas, das wir konsumieren können.

2. DIE SCHULE

Hach, die Schule. Ein ideales Thema für *Am Arsch vorbei*! Zugegeben, wegen allzu genauer Berücksichtigung dieses Mottos bin ich meinerzeit von selbiger geflogen – es ist aber auch vertrackt, dass die Schule ausgerechnet dann so anspruchsvoll wird, wenn sich herausstellt, dass die Jungs gar nicht so unnütz sind wie immer angenommen. Diese Herausfindung kollidierte damals direkt mit Latein und Mathe und, was soll ich sagen, Latein und Mathe haben überraschenderweise nicht das Rennen um meine Aufmerksamkeit gewonnen. Nun ja. Im Nachhinein betrachtet ist das kein großes Drama. Wenige Dinge, die mir in Latein und Mathe durch die Lappen gegangen sind, hätte ich später irgendwann mal gebraucht. Was für eine Überraschung bei einer toten Sprache. Ich glaube, der Einzige, dem eine tote Sprache jemals was gebracht hat, ist mein Onkel. Der hatte nämlich Altgriechisch in der Schule, und das half ihm genau *einmal*: Als er in Griechenland Inselhopping machte und einen Einheimischen fragen wollte, wann die nächste Fähre geht. Gut, es war eben auf Altgriechisch, also fragte er übersetzt in etwa: »Sag an, Gevatter! Wann legt die nächste Galeere an?«

Was ihm, zumindest nachdem sich die anwesenden Griechen vor lauter Lachen, Schenkelklopfen und Tränen-aus-den-Augenwischen wieder beruhigt hatten, tatsächlich eine Antwort einbrachte.

Und apropos Mathe: Das war ja immer das Fach, wo es hieß »Lernt das, später habt ihr auch nicht immer einen Taschenrechner dabei!«

Hihi, kichert da mein Handy und fragt, ob ich noch mehr solche lahmen Witze auf Lager habe.

Aber ich muss zugeben, jetzt, wo ich die Fronten gewechselt und selbst ein schulpflichtiges Kind habe, verstehe ich den vehementen Einsatz meiner Mutter von damals etwas besser. Und das, obwohl gerade mal die erste Klasse rum ist! Tatsächlich haben sich in dieser eher kurzen Zeit schon jede Menge schöne Momente ergeben, die ich gerne zur allgemeinen Verwendung teilen möchte – und ich bin wahnsinnig gespannt, was uns noch erwartet …

DIE BÜROKLAMMERN

Es war DAS gesellschaftliche Event des Herbstes, heiß ersehnt von den einen (von L., dem zuständigen Vater, und mir) und skeptisch erwartet von dem anderen (dem Kind):

Das Kind kommt in die Schule!

»Hurra! Schule!«, versuchte ich es immer wieder, aber das Kind blieb aus mir unbekannten Gründen skeptisch. Irgendwann ging mir aber doch noch ein Licht auf, warum das Kind dem Ereignis nicht ganz vorbehaltlos entgegensah …

Sobald in geselliger Runde zur Sprache kam, dass der Schulbeginn vor der Tür steht, passierten die immer gleichen zwei Dinge in der immer gleichen Reihenfolge:

Die Leute beugten sich zum Kind und sagten so etwas wie: »Oh wie toll! Freust du dich schon?«

Die gesellige Runde gab unter dem nun aufgeploppten Gesprächsthema Zoten aus dem eigenen Schülerleben zum Besten.

Und da klönten wir und hatten Spaß, und das Kind hörte mit gespitzten Ohren alles mit: Wie sich Anne vor lauter Schiss vor dem Ausfragen immer auf dem Klo versteckt hatte, wie gnadenlos Stefan vom Mathelehrer in die Mangel genommen worden war, dass man nach so-und-so-vielen Verweisen von der Schule fliegt, alles, was es über Prüfungs- und Versagensängste zu wissen gibt, wie sich Karsten auf dem Schulhof geprügelt hatte – und dass der Spülkasten auf dem Schülerklo kein perfektes Versteck für Hasch ist.

Kein Wunder, dass in dem Kopf des Kindes ein ambivalentes Bild zu dieser Schulsache entstand. Ich versuchte zu retten, was zu retten ist (»Früher war Schule doof, aber jetzt! Jetzt ist es die reinste Freude!«), und zwar Gott sei Dank *bevor* Omi ihre Klosterschwestern-Rohrstock-Geschichten zum Besten geben konnte.

Der große Tag ist also gekommen, wir stehen mit dem Kind und seinen künftigen Kollegen auf dem Schulhof, die Sonne scheint, alle sind gut gelaunt, und nachdem weit und breit keine Prügelei in Sicht ist, entspannt sich das Kind etwas, und es wird noch ein schöner Tag. Von jetzt an ist das Kind ein Schulkind und muss jede Menge Dinge tun, die es vorher nicht tun musste. Es muss zum Beispiel nicht nur daran denken, den Schulranzen mitzunehmen, es muss auch daran denken, die Hefte und das Federmäppchen dort reinzutun, und in das Federmäppchen die Schere, den Kleber, das Lineal und die Buntstifte, UND ZWAR GESPITZT. Am Dienstag muss es außerdem daran denken, den Sportbeutel mitzunehmen, wir beide müssen daran denken, Brotdose und Wasserflasche einzupacken, den linksdrehenden Zirbenzweig für Sachkunde und natürlich leere Klopapierrollen. Leere Klopapierrollen braucht es immer.

Überraschung: Das ging nicht vom ersten Moment an gut. Es ging sogar ziemlich beschissen, wir brauchten nämlich schon mal eine Woche, um auszutarieren, wann wir aufstehen müssen, um dann rechtzeitig mit dem ganzen Krempel in der Schule anzukommen. Nach dieser Woche kam der erste Brief nach Hause.

»Das Kind kam drei Mal zu spät«, fasse ich selbigen beim Abendessen zusammen, »und es vergisst Sachen.«

»Klar«, nickt L., »wir fangen ja auch gerade erst an«, und so sehe ich das auch. In der zweiten Woche läuft es schon etwas besser, und in der dritten Woche kommen wir pünktlich, und es fehlt auch nur hin und wieder ein Spitzer, ein Heft oder sonst irgendeins der drei Millionen Dinge, die Kinder für einen geregelten Schulalltag anscheinend so benötigen.

Ein wunder Punkt bleibt lange die Wasserflasche, die vom Kind immer noch hin und wieder auf den Boden des Schulranzens gelegt wird, wo sich herausstellt, dass sie auch im geschlossenen Zustand nicht hermetisch dicht ist. Außen am Ranzen gibt es zwar eine extra Halterung für die Flasche, aber die kommt in der Wahrnehmung des Kindes irgendwie nicht vor, beziehungsweise wird sie vergessen: »Es hat sich mir vergessen,« sagt es und entzieht sich mit dieser Formulierung jeder Verantwortung.

Als ich zum dritten Mal zusammen mit dem Kind im Badezimmer Hefte, Bücher und Ranzen föhne, sehe ich Handlungsbedarf: Von da an frage ich in möglichst unerwarteten Situationen, zum Beispiel während des Essens: »Sag mal ... wo gehört denn die Wasserflasche hin?« Ich drehe mich beim Einkaufen erschrocken zum Kind um und schlage mir auf die Stirn, als hätte ich etwas vergessen: »Argh, wo kommt noch gleich die Wasserflasche hin?« Ich verabschiede das Kind vor der Schule, es stapft los, und ich rufe hinterher: »Halt! Ich hab' was vergessen!« Und wenn es sich umdreht: »Diese Wasserflasche ... wo kommt die nochmal hin?« Oder wir sehen eine Tier-Dokumentation, und als sie um ist: »Das war toll ... aber wo kommt denn eigentlich die Wasserflasche hin?«

Dadurch, dass diese Frage immer völlig unvermutet kommt, ist sie Anlass großer Heiterkeit. »Außen an den Ranzen!« ruft das Kind dann laut und lacht, und ähnlich verfahren wir mit Federmäppchen, Turnbeutel, Klopapierrollen und dem ganzen Rest.

Ob das klappt? Es klappt bombig, denn ich föhne inzwischen keine Hefte mehr. Die Klassenlehrerin hat auch eine Methode, leider eine ganz andere, um ihre Schulanfänger dazu zu bringen, an alles zu denken:

An einer Wand im Klassenzimmer gibt es von jedem Kind ein Foto, und am Anfang jeder Woche bekommt jedes Kind fünf Büroklammern an sein Foto gesteckt. Vergisst ein Kind Hausaufgaben, leere Klorollen, das Dings-Heft oder macht sonst in irgendeiner Weise nicht das, was es soll, wird eine Klammer weggenommen. Wer am Ende der Woche noch alle Klammern an seinem Foto hat, bekommt einen Stern in Form eines kleinen goldenen Aufklebers neben sein Foto.

»Also ich find's komisch«, schüttelt meine esoterische Freundin Anne den Kopf. Anne ist meine Freundin aus Kindertagen, und Esoterik hin oder her, sie ist mir einer der liebsten Menschen auf diesem Planeten.

»Ich auch«, gebe ich zu, »allerdings: Wie willst du 25 Siebenjährige zur Raison bringen«, überlege ich laut.

»Drogen«, schlägt Jana vor. Jana ist die Dritte im Bunde dieser eigenartigen, aber auch einzigartigen Frauenfreundschaft, der wir nun schon seit vielen Jahren frönen und die uns schon allen dreien mehrfach das Seelenheil und den Arsch gerettet hat. Wir sitzen, wie mindestens einmal die Woche, im Café Einstein, um ein Glas zu trinken (»eins« ist dabei eine Metapher für »vier«). Dabei wird besprochen und belacht, was es so an Neuigkeiten in unseren Leben gibt, ein Newsflash mit Schwips sozusagen.

Anne und Jana haben selbst keine Kinder, können aber meines mitbenutzen und bringen sich in allen Fragen gerne ein. Janas Ideen sind, zugegeben, ihrem trockenen Humor geschuldet und selten brauchbar, daher auch der Vorschlag mit den Drogen – hoffe ich zumindest.

»Ach«, macht Anne ärgerlich und wischt Janas Bemerkung mit einer Handbewegung zur Seite, »da kommen die gerade mal aus dem Kindergarten und Zack! sollen sie zum Mitarbeiter des Monats werden!«

»Guter Vergleich«, lache ich, und das ist es auch tatsächlich. Fehlt eigentlich nur noch der glänzende Goldrahmen um das betreffende Foto.

Warum ich Ihnen das alles erzähle? Weil die doofen Büroklammern dazu geführt haben, dass ich das erste Mal das Kind ermutigte, sich etwas am Arsch vorbei gehen zu lassen – mit anderen Worten allerdings. Es ist nicht so, dass es nicht jede Menge Sachen gäbe, die das Kind genau dort vorbeischickt, beziehungsweise gerne vorbeischicken würde, stände ich dem nicht vehement entgegen: die Notwendigkeit, sich morgens anzuziehen zum Beispiel. Oder die Zähne zu putzen, Körperhygiene generell, Bettgehzeiten sowie Salat in jeglicher Form und die Straßenverkehrsordnung – die Liste ist relativ lang.

Um all diese Dinge kämpfe ich mit Engagement und Verve – aber ganz ehrlich: um Büroklammern? Beziehungsweise darum, dass der Spitzer an seinem Platz im Federmäppchen steckt? Ich hoffe wirklich, dass die Klassenlehrerin, die gute Frau Borgmeier, das hier nicht liest, aber: Die Büroklammern sind mir so was von egal, ich kann es kaum in Worte fassen. Ich bemühe mich zwar durchaus mit dem Kind darum, dass es an seinen Krempel denkt, und wir werden auch besser – aber nicht wegen Büroklammern.

Und genau das versuche ich, dem Kind zu vermitteln, als es beim Abendessen auf seinem Kinderstuhl auf die Frage »Wie war es in der Schule?« in Tränen ausbricht. Erst verstehe ich nicht, um was es geht, weil Kinder diese niedliche Angewohnheit haben, während sie schluchzen weiterzureden, aber schließlich, mit dicker Rotzblase unter der Nase und tränennassen Wangen kommt es doch heraus: Es hat wieder nicht geklappt diese Woche mit der Büroklammer. Eine ist weg, und es wird keinen Stern geben. Schon wieder nicht. Ob man sich denn auch eine dazu verdienen kann? »Nein«, schüttelt das Kind den Kopf und sieht mich an mit all dem Unglück dieser Welt in den Augen. Jetzt ist das für mich und hoffentlich auch für Sie vielleicht keine große Sache, aber für das Kind handelt es sich in diesem Moment tatsächlich um alles Unglück dieser Welt.

Aus diesem Grund und überhaupt nicht im Sinne von Frau Borgmeiers Maßnahmen, habe ich beschlossen, dass das Unglück dieser Welt nicht von fünf gebogenen Drahtstücken abhängen sollte. Ich habe dem Kind erklärt, dass das eben der etwas verzweifelte Versuch seiner Lehrerin ist, alle dazu zu ermuntern, an ihren Krempel zu denken, und um das Drama rauszunehmen, haben wir zuhause jetzt auch Büroklammern: für alle. Das Kind hat unsere Portraits gezeichnet, daran jeweils fünf Klammern befestigt, und wenn ich vergessen habe, Nachtisch zu besorgen oder mir ein Schimpfwort rausrutscht (Scheiß Drucker), kommt unter großem Hallo eine weg.

Trotzdem versuchen wir selbstverständlich, an alles zu denken. Auch an den Spitzer und auch an die Klorollen – aber die depperten Klammern spielen dabei keine Rolle. Büroklammern am Arsch vorbei.

DAS KIND MAG FRAU STRÄUBIG NICHT

Abgesehen von Frau Borgmeier, die Sie schon kennengelernt haben und die bis auf die Sache mit den Klammern bombig ist, gibt es noch eine Lehrerin – und die hat es in sich: Frau Sträubig.

Frau Sträubig ist eine ältere Dame, deren Schritte man schon von weitem hört, weil sie den Boden mit ihren Absätzen zu zermalmen versucht. Genauso wie ihre Schüler. Die Kinder haben einen Heidenrespekt vor Frau Sträubig, und ich finde, zu Recht. Ich habe auch einen Heidenrespekt vor Frau Sträubig. Wenn ich ihr gegenüberstehe, komme ich mir wieder vor, als wäre ich selbst Grundschülerin – und als hätte ich irgendetwas wirklich Schlimmes ausgefressen. Frau Sträubig führt ein strenges Regiment, das liegt ihr und davon ist sie überzeugt. Das Getue, das ihre jüngeren Kolleginnen mit den Kindern veranstalten, bezeichnet sie als Kuschelpädagogik, und von der hält sie, Überraschung: nichts.

Obwohl ich Frau Sträubig nicht bei Nacht begegnen möchte (eigentlich auch nicht gerne bei Tag), ist sie mir aber mitnichten gänzlich unsympathisch! Und zwar spätestens seit dem Tag, als mir vor der Schule eine ebenfalls auf ihren Prinzen wartende Mutter erzählt hat, WIE unmöglich diese Frau Sträubig sei: Ihre pubertierende Tochter habe die nämlich auch, und als sich die Tochter wortreich darüber beschwerte, dass die Benotung ihrer Arbeit schlechter ausgefallen sei als die ihrer Klassenkameradin, obwohl die ihrer Meinung nach mitnichten besser sei – »Wissen Sie, was diese Frau Sträubig dann gesagt hat?«, reißt die Mutter vor lauter Empörung die Augen auf und sieht mich erwartungsvoll an.

»Nein?«, frage ich und bin jetzt doch etwas gespannt.

»Sie hat gesagt!«, und dabei stemmt sie beide Fäuste in die Seiten, »Pech! Können Sie sich das vorstellen? *Pech!* Hat sie gesagt!«

Das Problem ist, in dem Moment stelle ich es mir tatsächlich vor, und was soll ich sagen – ich finde es wahnsinnig lustig. »Pfihi«, rutscht es mir dann auch prompt heraus, und ich halte mir schnell die Hand vor den Mund. Die Mutter starrt mich noch einen Augenblick stumm an, aber nachdem es so aussieht, dass ich in ihre Empörung nicht mit einsteige, lässt sie kopfschüttelnd wieder von mir ab.

»Sie hat *was* gesagt?«, wiehert an diesem Abend Jana laut und Anne verschluckt sich prompt an ihrem Gin Tonic.

»Pech!« als Antwort hat sich dann auch sofort in unseren täglichen Sprachgebrauch eingeschlichen, noch am selben Abend, als der Kellner mit der Rechnung kommt und sie vor Jana auf den Tisch legt.

»Hey!«, moniert die und sieht uns an, »ich habe das letzte Mal schon gezahlt!«

Worauf Anne und ich sie ansehen und zeitgleich mit den Achseln zucken: »Pech!«

Abgesehen von dieser sprachlichen Bereicherung unseres Alltags mag ich Frau Sträubig auch, weil sie einen angenehmen

Gegenpol zu dieser Unart herstellt, dass Eltern die Lehrer zur Rechenschaft ziehen wollen, wenn ihre Kinder schlecht in der Schule sind. Wenn sie zu Frau Sträubig in die Elternsprechstunde gehen, dann sind die Einzigen, die in irgendeiner Form Rechenschaft ablegen müssen, die Eltern. Aus den Sprechstunden von Frau Sträubig kommen Eltern im Durchschnitt einen Meter kleiner heraus, als sie reingegangen sind, egal wie groß die Reden sind, die sie vorher geschwungen haben. Trotz aller Sympathie ist sie nicht meine Traumbesetzung, denn so wertvoll solch eine Sträubig für die kleinen Rabauken ist, so unangenehm ist sie für die ruhigen Kinder, die man leicht einschüchtern kann – so wie meines.

»Frau Sträubig ist ein Matsche-Schwein«, höre ich es denn auch prompt zuhause aus dem Kinderzimmer, und als ich die Türe öffne, sitzt dort das Kind vor der versammelten Stofftiergemeinde und erklärt ihr, was es alles mit Frau Sträubig anstellen würde, wenn es könnte. Ich diffamiere hier ungern mein Kind, aber so viel sei gesagt: Einiges davon würde gegen fundamentale Menschenrechte von Frau Sträubig verstoßen.

Tags darauf begehe ich den Fehler und erzähle meiner Mutter von dem belauschten Intermezzo im Kinderzimmer. Ich sage Fehler, weil mir in dem Moment entfallen war, mit welcher Eindringlichkeit meine Mutter sich für die Unversehrtheit ihres einzigen Enkels einsetzt. Wer selbigen nicht in den Himmel hebt, ihm nicht mit der gleichen großmütterlichen Hingabe verfallen ist wie sie, oder, Gott bewahre, ein kritisches Wort äußert, kann sich warm anziehen. Don't mess with Omi. Eigentlich also erwartbar, wettert Omi gegen Frau Sträubig, dass es eine wahre Pracht ist. Gerade als sie ankündigt, sich an das Bildungsministerium persönlich wenden zu wollen, klingelt es an der Tür und ich muss Schluss machen.

»Oh Mann«, stöhne ich an diesem Abend, als ich L. davon erzähle, »Omi geht auch bis nach Brüssel, wenn es sein muss.«

L. lacht – er hält das vermutlich für einen Scherz. Wenn es denn nur einer wäre ...

Angesichts der empörten Mutter von neulich und der Kampf-Omi komme ich ins Überlegen: Setze ich mich zu wenig für das Kind ein? Sollte ich vielleicht in einen Anti-Sträubig-Kampf ziehen? Und was genau würde ich fordern? Also konkret? Es ist ja nicht so, dass sie unmäßig viele Hausaufgaben aufgibt oder drakonische Strafen erlässt, es ist ja eher ihre Art, die aufstößt. Was sagt man da: »Könnten Sie bitte Ihre Persönlichkeit modifizieren?«

Und da merke ich, warum sich in mir keinerlei Kampfgeist regt: Man muss nun mal nicht alle mögen. Auch das Kind muss nicht alle LehrerInnen mögen, und das ist völlig in Ordnung. Es wird in seinem Schulleben (und danach weiß Gott auch) noch oft genug auf Menschen treffen, mit denen es irgendwie auskommen muss. Auch wenn die nicht so sind, wie man das gerne hätte, auch wenn sie einem nicht liegen, wenn man ihre Art nicht leiden kann, wenn sie andere Meinungen haben als man selbst oder Polohemden mit aufgestelltem Kragen tragen. Man mag sie halt nicht – deswegen sind sie aber noch lange keine Matsche-Schweine. Wenn ich es mir recht überlege, sollte das vielleicht auch jemand mal den Leuten im Internet sagen.

HAUSAUFGABEN

Neu in unserem Leben, ich erwähnte es, sind Hausaufgaben. Ich schmelze dahin, wenn das Kind an seinem winzigen Schreibtisch sitzt und seine Hausi macht. Mit gerunzelter Stirn malt es dann irgendwelche Buchstaben nach, rechnet und radiert und tut lauter wichtige Dinge, bei denen es nicht gestört werden will. Ich bekomme diese Hausaufgaben meistens nicht zu sehen, es sei denn, das Kind ist sehr stolz – oder es kapiert die Aufgabenstellung nicht.

Handelt es sich um Zweiteres, bin ich natürlich zur Stelle. »Gar kein Problem«, töne ich, als es um eine Mathe-Hausaufgabe geht, »in Mathe bin ich gut!«

Das ist zwar komplett gelogen, aber hey – Mathe in der ersten Klasse, wie schwierig kann das sein? 3 plus 7, das kriege ich gerade noch hin. 3 plus 7 ist dann auch gar nicht das Problem – das Problem ist, dass ich nicht begreife, was ich machen soll. Also was das Kind machen soll. Es steht auch keine Erklärung dabei, nur eine gelöste Aufgabe ist als Beispiel anzugucken, und auch die verstehe ich nicht: Anscheinend lernen Kinder heutzutage nach einem System rechnen, das jede Menge bunte Punkte sowie Zehner- und Fünfer-Tabellen beinhaltet – und dessen Logik sich mir nicht erschließt.

»Mama?«, sieht mich das Kind fragend an, während ich noch immer versuche, die verdammten Punkte in irgendeinen Zusammenhang zu bringen.

»Ich hab's gleich«, versuchte ich, Zeit zu schinden. Was soll ich sagen: Ich hab's nicht hingekriegt. Ich bin zu blöd für Erstklässler-Matheaufgaben, das darf echt nicht wahr sein.

Ich schreibe also neben die Hausaufgabe eine Nachricht an die Lehrerin, das Kind verstehe die Aufgabe nicht und ich leider auch nicht. Zack – wieder eine Büroklammer weg. Wenn das so weitergeht, hängt von mir bald auch ein Foto an der Wand des Klassenzimmers …

Am nächsten Tag stelle ich fest, dass ich mit meiner Begriffsstutzigkeit völlig alleine dastehe. Alle, und zwar wirklich ALLE Muttis, die vor dem Schultor auf ihre Brut warten:

- kennen die Aufgaben im Mathebuch,
- verstehen die Aufgaben im Mathebuch,
- haben die Aufgaben kontrolliert und nachgerechnet.

Und ich habe noch gedacht, ich lande einen Lacher und wir schütteln gemeinsam die Köpfe über unsere Doofheit. Stattdessen referieren die »richtigen« Mütter über Zahlenräume und Rechenschiffchen.
»Rechenschiffchen?«, fragt Jana, als wir später telefonieren, und ich meine umfassende Inkompetenz beichte.
Ich nicke: »Jepp, Rechenschiffchen. Das sind wohl so Holzklötzchen mit Vertiefungen, in die rote oder blaue Plastikplättchen gelegt werden.«
Stille. »Und damit lernen sie rechnen?«
»Ja, sieht so aus.«
»Ach.«
Es beruhigt mich irgendwie, dass in meinem Bekanntenkreis niemand weiß, was Rechenschiffchen sind und was man mit ihnen anstellt. Dass es sich dabei ausschließlich um kinderlose Bekannte handelt, blende ich so gut es geht aus. Es geht aber nicht lange gut, und mich plagt das schlechte Gewissen: Wenn nun alle ihren Kindern bei den Hausaufgaben zur Seite stehen, nur ich nicht? Ist meins das Einzige, das Fehler bei den Hausaufgaben macht?
Ich führe eine kleine, interne Abstimmung mit mir durch und herauskommt: Es ist vollkommen richtig und logisch, dass die

Kinder ihre Aufgaben selbst machen, und wenn sie etwas nicht kapieren, dann ist es auch ganz gut, dass die Lehrerin das mitbekommt – und falls es tatsächlich irgendein größeres Problem geben sollte, dann wird sie uns das schon sagen. Wenn der Spitzer fehlt, sagt sie ja schließlich auch Bescheid.

Ich versuche wirklich, überzeugend zu klingen, aber in irgendeiner Ecke meines Mutterdaseins bin ich noch nicht gänzlich überzeugt. Das übernimmt aber Gott sei Dank in den folgenden Tagen eine der Mütter, die so engagiert über Zahlenräume und Rechenschiffchen referiert haben: Wir sind früh dran an diesem Morgen, und Mütter und Kinder warten, dass das Schultor geöffnet wird. Der einzige Vater ist mit seinem Handy beschäftigt, die Mütter besprechen die Lese- und Schreib-Hausaufgaben vom Tag zuvor.

»Also das fand ich komisch«, sagt die Rechenschiffchen-Mutter und sieht ernst aus, »das mit dem Kreuzworträtsel, das ein Lösungswort ergibt … habt ihr da auch ›Urinbrot‹ rausbekommen?«

Und da höre ich es einen halben Meter unter mir kichern, »Pfffihihihi«, amüsiert sich das Kind und zieht mich an meinem Arm, bis es mir ins Ohr flüstern kann: »Rubinrot, Mama, das Wort ist rubinrot!« Und dann kichern wir beide ein bisschen.

ANGEBOT

Was das Kind angeht, habe ich dieses Jahr eine bedeutende Arsch-vorbei-Lektion von einem Virus gelernt, dem Corona- oder wie wir ihn zuhause korrekt nennen, dem »Scheiß-Kack-Virus«. Ja, während ich hier sitze und schreibe, befinden wir uns mitten im schönsten Lockdown, und weil ich in Spanien wohne und es Spanien besonders hart getroffen hat, beinhaltet dieser ein strenges Ausgehverbot (ausgenommen davon sind lediglich Supermarkt, Apotheke und Arztbesuch). Ebenfalls ausgenommen von der Ausgangsbeschränkung ist Gassi gehen mit dem Hund, was ein paar merkwürdige Entwicklungen zur Folge hat: Ein Mann ist angeklagt worden, weil er seinen Hund per Anzeige vermietet hat; immer wieder hört man von Fällen, in denen Leute mit einem Plüschhund auf der Straße waren (und gedacht haben, auf die Entfernung fällt das nicht weiter auf); und ein Mann hat es in die Zeitung geschafft, weil er statt eines Hundes ein Huhn an der Leine hatte. Soviel zum Level der Verzweiflung.

Seit vier Wochen geht das jetzt so – und höchstwahrscheinlich für mindestens weitere vier Wochen. Abends um acht klatschen wir am offenen Fenster und inzwischen nicht mehr nur für alle, die den Laden am Laufen halten, während wir eingesperrt sind, sondern auch für die Nachbarn, für uns. Wir halten das durch, heißt dieses Klatschen, haltet auch ihr durch, und jeden Abend steigen mir die Tränen in die Augen dabei.

Ich beobachte, wie es in Deutschland so läuft und wie Menschen, die in Parks und durch Wälder spazieren gehen und Radtouren um den nächsten See machen, auf Lockerungen ihrer eingeschränkten Bewegungsfreiheit hoffen. Ich habe nicht mal einen Garten. Aber ich habe ein Kind im Grundschulalter und so scheiße sich diese Situation auch anhört – so ist sie auch. Seit das Virus unterwegs ist, geistern jede Menge lustige Bilder und Sprüche durch die Social-Media-Kanäle und mein allerliebstes ist das Bild vom Set eines Filmdrehs. Zu sehen ist ein adrett gekleideter und frisierter Mel Gibson, der auf einem Regiestuhl sitzt und gestenreich etwas erklärt, neben ihm ein kniender Jesus-Darsteller, mit Dornenkrone, über und über voll Filmblut und in zerrissenen Kleidern, der ihm interessiert zuhört. Darunter die Zeilen: *Deine kinderlosen Freunde, die dir erzählen, wie sie unter der Ausgangssperre leiden.*

Aber schlimmer geht ja bekanntlich immer, und ich habe wenigstens nicht meinen Job verloren, und ich habe nicht vier Kinder und auch keine kleine Studentenbutze, abgesehen davon, dass wir alle gesund sind, und das ist das Beste von allem.

Jedenfalls, im Laufe der »Situation« haben sich einige Dinge herausgestellt, im Allgemeinen wie im Besonderen. Zum Beispiel, dass das Thema Klopapier einen unerwartet hohen Stellenwert in Krisenzeiten einnimmt. Dass schwierige Zeiten immer sehr gute, aber auch sehr beknackte Charakterzüge von Leuten an die Oberfläche spülen, dass Hilfsbereitschaft für viele kein leeres Wort ist und dass im Angesicht großer Ungewissheit in unseren Hirnen irgendein Brot-backen-Notprogramm anspringt.

Im Besonderen habe ich herausgefunden, dass das abrupte Anhalten des Tätigkeitstaumels NICHT dazu führt, dass ich eine neue Sprache lerne, plötzlich online Opernaufführungen und Museen ansehe, die ich sonst auch nicht besuche, dass ich nicht mit Hilfe von Tutorials anfange, Origami zu falten, Yoga mache oder vom Balkon musiziere. Ich miste noch nicht mal aus. Insgeheim hoffe ich, dass nicht alle anderen den ganzen Tag lang Sport treiben und nach der »Situation« aussehen wie Barbie und Ken, während ich irgendwann ins Tageslicht blinzle und behäbig vorwärtsrolle – mit einem Glas Wein in der Hand. Was sage ich, einer Flasche.

Während ich bei mir selbst diese Form der Tatenlosigkeit sofort und ohne Murren akzeptiert habe, hatte ich das Kind betreffend einen 1A-Plan: »Hey Großer, wir schaffen das!«, wollte ich sagen, und das Kind würde meinen High Five abklatschen und sich voller Freude an die großartigen Aufgaben und Projekte machen, die ich schon herausgesucht hatte.

»Ein strukturierter Tagesablauf ist so wichtig in dieser Zeit«, hatte die schuleigene Psychologin in einer Rundmail an die Eltern geschrieben, und genau das wollte ich auch bieten. Gerade jetzt, wo all diese wunderbaren Dinge wegfallen: der Nachmittagssport in der Schule, die Kreativwerkstatt und der Technikkurs, die samstäglichen Basketballstunden und der Hort, wo sich mein Einzelkind unter seinesgleichen hoffentlich sozialisieren möge.

Der Plan beinhaltete ein gesundes Frühstück, Sport im Wohnzimmer, und danach verwandelte ich mich dank Brille und Lippenstift in Frau Borgmeier, und wir machen Unterricht. Nach der Mittagspause gäbe es Sachkunde, da könnten wir lustige Dinge aus leeren Klorollen basteln, und, und – und zusammen Brot backen! (was zur Hölle haben wir nur mit diesem Brot backen?) Jeden Tag dürfte das Kind einen Teil der Wissenssendung *GEO für Kinder* online sehen, und wir könnten Kresse säen – es wäre endlich viel Zeit für all die Dinge, zu denen wir sonst nicht kommen. Dies würde die verdammt beste Quarantäne-Zeit der Welt werden! High Five!

Das klappte einen ganzen Tag lang hervorragend. Oder waren es zwei Tage? Die Zeit verschwimmt in meiner Erinnerung allmählich. Auf diese Tage folgen einige sehr anstrengende Tage, in denen ich versuche, das Programm aufrechtzuerhalten und das Kind keinen Bock hat. Wir fangen an zu streiten, immer mehr meiner Sätze fangen an mit »Wenn du nicht gleich …«, und die Stimmung wird Scheiße. Schließlich tue ich etwas, das ich nicht wollte und das uns den Arsch rettet: Ich gebe auf. Die leeren

Klorollen wandern dorthin, wo sie hingehören, nämlich in den Papiermüll, Brot gibt es aus der Bäckerei und der Unterricht – well. Das Nötigste wird gemacht. Die Wissenssendung für Kinder wird zu *Spongebob Schwammkopf*, und all die Projekte, die ich mir vorgenommen habe, um das Kind zu fördern, zu unterhalten, zu animieren und aufzumuntern, fallen mit einem lauten Plumps von meinen Schultern auf den Boden und vermischen sich dort mit meinen nicht geleisteten Yogastunden, der nicht gelernten Sprache und ein paar Kressesamen.

Was daraus wächst, ist dann auch prompt nicht die Version unserer selbst, die ich im Kopf gehabt habe. Ich habe mich damit abgefunden, dass wir zuhause keine bewundernswerten Parodien von *Les Misérables* drehen, und es wird auch nichts nützen, das Kind mit Bastelbögen und Pritt-Stiften zu überschütten – es wird deswegen kein Modellbau-Genie werden, es kann Basteln nicht ausstehen. Ich übrigens auch nicht.

Das ist der gleiche Fehler, den ich bei mir selbst gemacht habe: Aus irgendeinem hirnverbrannten Grund habe ich wie eine Blöde Hülsenfrüchte gebunkert – dabei stehe ich gar nicht auf Hülsenfrüchte, ich stehe auf Chicken Wings, die hätte ich bunkern sollen! Was für eine hirnverbrannte Idee, eine Challenge hieraus zu machen – die Situation an sich ist ja schon eine Herausforderung. Ich lasse locker und Spongebob for President!

Seit ich aufgegeben habe, fühlt es sich an wie damals – können Sie sich an die großen Sommerferien unserer Kindheit erinnern, von denen wir gerade schon sprachen? Wo einfach sechs Wochen Nichtstun vor uns lagen? Mein Kind hatte so etwas noch nie vorher. Es hat sogar (jetzt kommt das böse Wort): Langeweile. Und plötzlich stellt sich heraus: Die Langeweile geht Wege, da kommt die Absicht gar nicht hin!

Seit ich nicht mehr wie im Affekt sofort Vorschläge und Angebote in diese Langeweile werfe und die ganzen Pläne und Verpflichtungen und die Struktur wegfallen, hat das Kind die Möglichkeit, selbst herauszufinden, was es gerne tut. Das ist, Überraschung, leider nicht Mathematik, und es will auch nicht Fremdsprachen lernen, sondern Lego spielen, Schnecken züchten und Slime zwischen den Fingern langziehen, aber mach was. Wissen Sie, was Albert Einstein als Kind gerne gemacht hat? Er hat Kartenhäuser gebaut! Stockwerkeweise stapelte er diese aneinandergelehnten Spielkarten übereinander! Ich meine, was soll man denn dabei lernen – außer Konzentration … und Ausdauer … und mit Frustration umgehen …

Bevor jetzt alle in ihren Schubladen nach den UNO-Karten kramen, damit ihr Kind auch einen Nobelpreis gewinnt: Das ist nicht der Punkt. Sondern dass Kinder schon immer gelangweilt waren und aus dieser Langeweile heraus irgendwas tun, und egal was das ist, sie lernen davon. (Ich überlege, was das im Fall von Slime ist, ich komme noch drauf.) Das ist in ihren Werkeinstellungen so vorgesehen. So wie sie von selbst wachsen – dazu muss man sie auch nicht fördern und nicht anfeuern. Was habe ich mir da nur einreden lassen.

»Und?«, fragt mich meine Mutter am Telefon, »wie geht es dem Kind mit der Ausgangssperre?«

Ich drehe mich um zu dem am Fußboden spielenden Kind. »Kind? Wie geht's dir?«

Es sieht kurz auf, »gut!«, grinst es mich an und ist dann wieder mit seinen Angelegenheiten beschäftigt.

»Ob du deine Kollegen vermisst, fragt Oma«, richte ich wieder aus, und das Kind rollt mit den Augen.

»Nein, und ich muss mich jetzt mal konsternieren!«

»Er meint konzentrieren«, sage ich der Oma Bescheid, aber das hat sie sich schon gedacht.

Das Kind hat inzwischen übrigens eine Bar aufgemacht. Auf unserer Terrasse steht noch ein altes, begehbares Kinder-Plastik-Spielzeughaus, für das er eigentlich schon zu groß ist. Darin befindet sich jetzt eine aufgestellte Kiste als Regal mit jeder Menge Becher und Gläser, Strohhalmen und einem breiten Getränkesortiment: Wasser, Saft, Bier und Milch. Es gibt Schokokekse, Croissants vom letzten Frühstück, Äpfel und ein Becher Vanilleeis. Neben die Tür hat das Kind eine selbst geschriebene Karte gehängt, auf der die Preise nachzulesen sind (mein Favorit sind die Kekse: *Kexä, 2 Sent*), und etwas Unkraut zur Dekoration hängt auch mit dran.

Wir sitzen am Tisch auf der Terrasse und erfreuen uns daran, dass zumindest eine Bar in der Stadt geöffnet hat. Die Freude ist allerdings nicht billig, denn das Kind hat das Prinzip der Angebotsdiktatur entdeckt. Und ganz nebenbei übt es, Cent- und Eurobeträge zu addieren und zu subtrahieren, es übt sich in Rechtschreibung (da ist noch Luft nach oben) und verkauft proaktiv: »Wollen Sie nicht doch noch ein leckeres Eis dazu?« Es hat im Angesicht unserer Faulheit prompt die Selbstbedienung eingeführt, der Service kostet extra. 1 Euro. An der Seite der »Bar« prangen zwei große runde Aufkleber vom Kabarettprogramm eines befreundeten Künstlers, der sich in Anbetracht eines Fotos direkt bereit erklärt hat, 1 Euro Werbekosten zu bezahlen. Wir fassen zusammen: Grundrechenarten sowie Einführung in Marketing, Rechtschreibung, Angebotsdiktat, Werbeeinnahmen, Dekoration und der Aufbau eines Lieferdienstes, alles an einem Nachmittag.

Und morgen lernen wir dann das Prinzip Umsatzsteuer. Rechenschiffchen – pah.

NOTIZ AN MICH SELBST

Auch Kindern dürfen Sachen am Arsch vorbei gehen, wenn auch nicht immer die, die sie selbst auswählen.

Langeweile muss man aushalten, dann kommt etwas dabei raus, mit dem niemand gerechnet hat.

3. DAS DARF MAN NICHT

»Nicht dürfen« meine ich an dieser Stelle nicht im strafrechtlichen Sinn. Im Gegenteil, ich rate dringend davon ab, sich Dinge am Arsch vorbeigehen zu lassen, die in einem der gängigen Gesetzesbücher Erwähnung finden.

Ich meine es in dem Sinn, der dem Gesprächspartner die Augenbrauen nach oben schnalzen lässt:

»Waaaas? Du magst/isst/tust/_____ ???«

Oder die Variante:

»Waaaas? Du magst/isst/tust/_____ NICHT???«
(Setzen Sie Beliebiges ein.)

Dabei ist es eigentlich völlig unerheblich, was Sie da einsetzen, es gibt immer irgendjemanden, der das völlig unterirdisch findet. Manchmal kommt dieser Satz aber noch nicht mal von einer anderen Person, sondern aus dem eigenen Hirn, und dort macht er gemeinsame Sache mit seinen Kumpels *Peinlichkeit, Tradition, Uncool* und *Beleidigt* sowie dem Klassiker *Das darf man nicht, weil man sonst ein schlechter Mensch ist!*

DAS DARF MAN NICHT WEGEN PEINLICH

1	Münchener Freiheit	Ohne Dich (Schlaf' ich heut Nacht nicht ein)
2	Bonnie Tyler	Total Eclipse Of The Heart
3	Vicky Leandros	Ich liebe das Leben
4	Britney Spears	... Baby One More Time
5	Toto	Africa
6	Journey	Don't Stop Believin'
7	Backstreet Boys	Quit Playing Games (With My Heart)
8	Lionel Richie	All Night Long
9	Bee Gees	How Deep Is Your Love
10	Chicago	If You Leave Me Now
11	Alphaville	Forever Young
12	Echt	Du trägst keine Liebe in dir
13	The Kelly Family	An Angel
14	Boston	More Than A Feeling
15	Jonny Hill	Ruf Teddybär eins-vier
16	Europe	The Final Countdown
17	Heinz Rudolf Kunze	Dein ist mein ganzes Herz
18	Alexandra	Illusionen
19	Barry Manilow	Mandy
20	Aqua	Barbie Girl

Die Liste hier oben ist übrigens die Top 20 der peinlichsten Lieblingssongs – na? Was dabei?[1]

---

[1] Radioeins hat diese Liste veröffentlicht: https://www.radioeins.de/musik/die-100-besten-2020/die-peinlichsten-lieblingslieder/Die-100-peinlichsten-Lieblingslieder-Die-Top-100.html

Und falls keiner der Top-20-Kandidaten Ihr Herz erwärmt: Gucken Sie einfach in den Browserverlauf Ihres Computers oder in die Playlist Ihres Handys: Na? Würden Sie die unzensiert die Welt sehen lassen? Ungern? Warum? Um nicht zu sagen: »Waaaas? Du hörst *Quit Playing Games (With My Heart)* von den Backstreet Boys???« (oder Helene Fischer, setzen Sie Beliebiges ein ...) Wenn Sie da keine Kinder haben, die Sie vorschieben können – was macht man da?

Und falls jetzt jemand die Nase rümpft, weil Backstreet Boys oder Helene Fischer »gehen ja gar nicht« – tun Sie nicht so. Jeder hat irgendeine musikalische Achillesverse, sei es Schlager, Country, Disco oder Pseudo-Metal. Genau aus diesem Grund lässt man andere Leute auch so ungerne im eigenen Spotify-Account suchen. Das ist fast so schlimm wie Leute, die anfangen, in der eigenen Fotogalerie rumzuwischen, bloß weil man ihnen das Handy gegeben hat, um ihnen EIN Foto zu zeigen – »Bist das du? Warum hast du nichts an?«, so geht das dann.

Ich kann mich gut erinnern, als ich das erste Mal die Nummer 15, *Ruf Teddybär eins-vier*, gehört habe: Einer aus der Schule hat das im Skilager gehört und den anderen vorgespielt. Wenn ich mich recht erinnere, geht es in dem Lied um einen behinderten Jungen, dessen Vater gestorben ist. Und erst hatte unser Mitschüler Tränen in den Augen, weil er von dem Text so gerührt war, und dann hatte er Tränen in den Augen, weil sich alle über ihn lustig gemacht haben. Gemein, was – aber eben auch nichts anderes als »Waaaas? Du magst/isst/tust/_____ ???« (setzen Sie Beliebiges ein). Klar, mit den Jahren bekommt man ein dickeres Fell, was solche Situationen angeht, aber trotzdem vermeidet man sie. Man macht das, indem man lernt, was in der Welt und vor allem im eigenen Umfeld akzeptiert ist, und damit Sie da nicht aus der Reihe tanzen, springt die Peinlichkeit an wie ein Alarm. Schließlich wollen wir ja auch nur geliebt und gemocht werden und dabei sein, statt Tränen in den Augen zu haben und ausgelacht zu werden.

Durch das Skilager, durch die Freundin, die sagt: »Waaaas? Du ziehst DIESE Schuhe zu DIESEM Rock an???« und fleißigem Spicken bei den anderen, was die so machen und wie die so aussehen, bekommt man dann seinen eigenen Käfig recht flugs zusammengezimmert. Bis die Pubertät rum ist, haben wir gelernt, was geht und was nicht, und wenn wir erwachsen sind, haben wir da so viel Übung drin, dass wir darüber noch nicht mal nachdenken müssen. Das, was nicht geht, ist dann mit dem Schildchen *Obacht! Peinlich!* versehen. Das beherrschen wir aus dem Effeff: Als ich im Zuge einer Buchvorstellung mit ein paar reizenden Buchhändlerinnen einer renommierten Buchhandlung plausche, berichtet eine der Damen von der interessanten Doku, die sie am Abend zuvor auf Arte gesehen hat – irgendwas über Adorno. Daraufhin entspinnt sich ein ebenso einhelliger wie reger Austausch über das kulturelle Angebot im öffentlichen Fernsehen beziehungsweise den eklatanten Mangel desselben. Zwei von drei beteuern, aus ebendiesem Grund überhaupt keinen Fernseher mehr zu besitzen, was die freundliche Dame mit der Adorno-Doku entschuldigend anfügen lässt, dass sie selbstverständlich nur ausgesuchte Reportagen ansieht.

Weil sie mich netterweise ins Gespräch mit einbeziehen will, dreht sich selbige Dame mit einem herzlichen Lächeln zu mir – ob ich auch die Adorno-Doku gesehen hätte? Hab' ich nicht. Ich bin mir nicht mal sicher, was der gute Adorno genau gemacht hat – in meinem Hinterkopf ist er lediglich mit dem Prädikat »wichtig« vermerkt, das ist aber auch alles.

Sage ich ihr, dass ich stattdessen *Promis unter Palmen* angesehen habe? Nein. Die Fallhöhe von der philosophischen Kritik des »identifizierenden Denkens« zu betrunkenen C-Promis in Dino-Kostümen ist einfach zu groß, das würden die freundlichen Damen nicht überstehen. Um nicht zu sagen, es ist mir schlicht und ergreifend: genau, peinlich.

(Das Lustige ist: Je nachdem, in welcher Runde Sie sich befinden, kann es andersherum genauso unangenehm sein:

Alle so: »Hast du gestern *Promis unter Palmen* gesehen?«

»Nee, ich bin bei einer Doku über Adorno hängen geblieben...«

»Alter, was stimmt mit dir nicht?«)

Wir wollen also nicht nur Peinlichkeiten vermeiden, wir wollen auch nicht, dass unser Gegenüber merkt, wenn uns etwas peinlich ist. Das ist DOPPELT peinlich! Das ist lustig, weil wir umgekehrt Menschen, denen anscheinend etwas gerade sehr peinlich ist, mit Sympathie überhäufen (es sei denn, es handelt sich um eine Kollegin, der gerade aufgefallen ist, dass Sie ihre Lästereien über Ihre Person mit angehört haben. Keine Sympathien hier.) Sympathie heißt Mit-Leiden, Mit-Fühlen mit den Gefühlen einer anderen Person, und die, mit denen wir mit-leiden, sind uns viel näher als die, mit denen wir uns nur mit-freuen. Meiner lieben Cousine Kathrin zum Beispiel schießt bis heute die Schamesröte ins Gesicht, wenn während eines Gesprächs das Wort »Lamm« fällt. Oder »Paris«. »Ich würde so gerne mal wieder nach Paris...«, sagen Sie zum Beispiel verträumt und ZACK! Kathrin ist rot wie eine erntereife Tomate.

In Paris hat sich nämlich »der Vorfall« zugetragen: Kathrin fuhr mit der Geschäftsleitung ihrer Firma dorthin, insgesamt sechs Frauen um die fünfzig, und am Ende der zweitägigen Tagung gingen sie alle am letzten Abend zusammen essen. Das Lokal war sauteuer, zauberhaft, französisches Flair wie aus dem Bilderbuch und so authentisch, dass es die Speisekarten nur auf Französisch gab. Der Kellner zog bei der Frage, ob er eventuell Englisch spräche, gekonnt eine Augenbraue nach oben (man muss sie einfach lieben, die Franzosen), und da saßen sie dann. Alle starrten angestrengt in die Karten, beteuerten dass sie kein Wort verstünden, und weil meine Cousine Kathrin so eine hilfsbereite und reizende Person ist, kramte sie in ihrem Hinterhirn nach den letzten Fetzen Französisch, die sie in der Schule gelernt hatte – vor dreißig Jahren.

»Also das hier«, meinte sie und zeigte auf irgendetwas mit »agneau«, »das müsste Lamm sein«, und »pommes de terre«, das wusste sie auch noch, waren Kartoffeln.

»Lamm mit Kartoffeln, das ist doch großartig«, beschloss die Damenriege einstimmig, und alle bestellten erleichtert mit dem Zeigefinger auf der Karte das Lamm mit Kartoffeln.

»Ich hätte es ahnen müssen«, sagte Kathrin kopfschüttelnd, »als ich diesen Hauch eines Lächelns in den Mundwinkeln des Kellners gesehen habe.« Denn der stellte schließlich vor jede der Damen mit ausladender Geste das Bestellte: Jeweils einen großen Teller mit einem Klacks Kartoffelbrei, hübsch dekoriert, und oben drauf eine leicht angebratene, kleine, perfekte, rosa Halbkugel: ein ganzes Lamm-Hirn.

Die Anwesenden versteinerten für einen Augenblick, dann sahen sich alle mit entsetzten Augen an. Alle, bis auf Kathrin, die starrte noch ein paar Augenblicke länger auf das Hirn, in der Hoffnung, es möge sich um eine optische Täuschung handeln oder die Erde möge sich auftun. Wie immer in solchen

Momenten, tat sich die Erde natürlich nicht auf, und nach dem ersten Schreck fingen die Damen laut zu lachen an. Alle lachten (sogar der Kellner, ganz ohne Häme), nur Kathrin suchte noch immer am Boden nach einem Loch, in dem sie eventuell versinken könnte. Aber so peinlich ihr die Sache auch war, und so rot ihre Wangen auch glühten, jede Einzelne litt und fühlte mit ihr mit, und sie rückte allen ein Stückchen näher ans Herz.

Seitdem ziehen wir sie natürlich gerne damit auf, dafür reicht es schon, wenn während eines Familienessens einer der Anwesenden völlig aus dem Nichts »Bähähäh« macht.

Also obwohl uns Leute sympathisch sind, wenn ihnen etwas peinlich ist, wollen wir aber unter keinen Umständen, dass uns das jemand anmerkt, und so verstecken und vertuschen wir, was in diese Kategorie fällt.

Aber warum muss das denn überhaupt sein? Natürlich will man gefallen, und die Welt soll einen für ganz und gar großartig halten, aber noch toller als für großartig gehalten zu werden, ist es, lieb gehabt zu werden – und zwar mitsamt all den unmöglichen Dingen, der schnulzigen Musik, den seichten Hörbüchern, komischen Vorlieben und all den liebenswerten, versteckten Eigenheiten, die mit dazugehören, sowie *Promis unter Palmen*, also allem, was einen mit so einem Quantum Scham erfüllt und das man lieber nicht zeigt.

Wäre es nicht schöner, wenn man sich diese Imagepolitur sparen könnte? Und trotzdem gemocht wird? So wie wir Anne mögen, auch wenn sie davon überzeugt ist, dass man sich von Licht ernähren kann? Vielleicht fühlt man sich dann auch deutlich liebenswerter – schließlich erfährt ja das wahre Selbst Zustimmung und nicht dieses korrigierte Etwas, das wir zur Schau stellen.

Wir haben so verinnerlicht, was allgemeiner Konsens ist und was nicht, dass es uns im Alltag erst auffällt, wenn wir (oder besser jemand anders) daran aneckt. Also wenn zum Beispiel jemand sagt: »Also diese unbehandelten, naturbelassenen Äpfel aus dem Garten meiner Oma … die sind lange nicht so gut wie die von Aldi.« Oder: »Trump ist eigentlich ein ganz sympathischer Kerl!« Gut, Trump ist jetzt der kleinste gemeinsame Nenner, vermutlich. Danach teilt es sich nämlich auf, und je nachdem, in welcher Peer Group Sie sich befinden, lösen Sie mit dem Satz »Ich finde Helene Fischer/Tofu/die *Taz* echt gut!« beifälliges Nicken aus – oder entsetzte Gesichter.

Weil wir von unseren Kumpels nicht ausgestoßen werden wollen, sagen wir dann zum Beispiel nicht, dass wir *Promis unter Palmen* Adorno vorziehen. Dass wir gerne Ketchup zum Essen hätten, dass in unserer Playlist der Sommerhit des letzten Jahres ganz oben steht und dass uns Zucker viel besser schmeckt als Agavendicksaft, und ja, ich hätte gerne richtige Milch, beziehungsweise – je nach Peer Group – hätten Sie auch Hafermilch?

Es gibt Sachen, die werden »zugegeben«, aber das ist dann total cool, die zuzugeben. »In Mathe war ich schon immer schlecht«, ist so ein Beispiel, das ist nicht peinlich, sondern geht als cool durch. »Ich war schon ewig nicht mehr beim Friseur!« ist auch eher cool – zumindest sympathisch. »Ich war schon ewig nicht mehr duschen« – nicht.

Falls Sie in fußballrelevanten Zeiten eine klemmbare Deutschlandfahne am Rückspiegel Ihres Autos haben, werden einige Menschen in Ihrem Umfeld Sie dafür feiern, für andere fahren Sie die textilgewordene Dämlichkeit mit sich herum. Wenn man da jedem gefallen will, ist man ganz schön mit Hin- und wieder Abmontieren beschäftigt.

Das Lustige ist, dass wir ja gleichzeitig diejenigen Menschen besonders reizend finden, die sich überhaupt nicht darum scheren, ob etwas bei ihren Mitmenschen gut, mittel oder überhaupt nicht ankommt (vorausgesetzt es handelt sich nicht um Soziopathen, natürlich). Mein Freund Ole zum Beispiel hatte über Jahre den beneidenswerten Job, für ein bekanntes amerikanisches Männermagazin (ja, den *Playboy*) verschiedenste, kostspielige Autos zu testen. Ob der Maybach Dingsbums, der Lamborghini Soundso oder der Ferrari Horst: Ole hatte sie alle. Das machte ihn natürlich bei einer Menge autobegeisterter Männer zum absoluten King of Currywurst. Das waren die einen. Es gab aber auch die anderen:

Oles Sohn ging zu dieser Zeit in einen Kindergarten, der bei allen, die es sich leisten konnten, hoch im Kurs stand. Wunderschön zwischen Bäumen an einem Park gelegen, aber doch in der Innenstadt und noch dazu in einem herrschaftlichen Gebäude mit großer Außenanlage: der Sonnenschein-Kindergarten, der Top of the Pops der alternativen Kindergärten. Dort wurde nicht Ostern gefeiert, sondern das überkonfessionelle »Lebensfest« (»Ostern hören wir gar nicht gerne«), Plastikschaufeln waren im Sandkasten verpönt (»Erdölbasiertes Spielzeug sehen wir gar nicht gerne«) und vom Mittagessen will ich gar nicht anfangen (»Transfette sehen wir gar nicht gerne«).

Zu den Abhol- und Bringzeiten der lieben Kleinen versammelten sich vor diesem Hort der Freude ganze Trauben von Fahrrädern mit Frontkabine vor dem Eingangsbereich. Der Einzige, der nicht mit dem Fahrrad mit Frontkabine vorfuhr, sondern im Bugatti Veyron (2 Millionen Euro, Spitzengeschwindigkeit 431 km/h), war, genau: mein Freund Ole. Ole parkte auch nicht, wie ich es an seiner Stelle vermutlich getan hätte, verschämt zwei Straßen weiter, sondern direkt vor der Türe.

Er vermied auch nicht den Blickkontakt oder huschte schnell wieder davon – im Gegenteil! Er grüßte freundlich alle umstehenden Papis mit ihren Fahrradhelmen am Multifunktionsgürtel und blieb gerne für ein paar Sätze mit ihnen am Eingang stehen. Und selbst wenn die einen Moment lang irritiert aussahen – durch seine Freundlichkeit hat er sie alle für sich eingenommen.

In diese Freundlichkeit mischte sich keinerlei Trotz, kein Zynismus und nicht die geringste Unsicherheit – er war einfach total nett, wie er immer ist. Und die Woche darauf kam er im Rolls Royce.

Immer, wenn jemand, so wie Ole, freundlich und gut gelaunt, dem nicht entspricht, was das Umfeld erwartet, ist man kurz verwirrt – und findet das wahnsinnig sympathisch. Vielleicht, weil wir selbst dafür oft den Mut nicht aufbringen (siehe Promis in Dino-Kostümen vs. Adorno).

»Ist schon okay«, möchte ich deswegen auch dem seriösen Geschäftsmann zuflüstern, der im Zug neben mir sitzt und aus dessen zusammengeklappter *FAZ*-Zeitung oben die versteckte *Gala* rausblitzt. Egal, was in Ihrer Peer Group Kopfschütteln auslöst – stehen Sie dazu! Vielleicht sind Sie der oder die Einzige ohne (oder mit) Tattoo, Sie finden im Gegensatz zu Ihren Freunden Woody Allen nicht lustig oder hören lieber Schlager statt Indie. Oder Sie trinken keinen Alkohol oder essen kein/ gerne Fleisch, vielleicht haben Sie was mit Schutzengeln am Hut oder gucken lieber die Privatsender im Fernsehen als Serien auf Netflix. Immer, wenn Sie das Gefühl haben, das ist jetzt aber peinlich, wenn Sie das zugeben: Trauen Sie sich und nennen

Sie es »liebenswerte Eigenart« – und sehen Sie dies bei Ihren Mitmenschen genauso. Trompeten Sie es heraus, das nimmt das Peinliche weg. Ich mach das jetzt auch mit meinen Promis in Dino-Kostümen. Versprochen.

DAS DARF MAN NICHT WEGEN UNCOOL

Dann gibt es ja noch jede Menge Dinge, die will man sich noch nicht mal selbst eingestehen, weil man nicht mit ihnen einverstanden ist. Auf die Spitze getrieben hat das meine Freundin Jana. Jana ist Single, also meistens, sie ist außerdem zu einem Viertel Italienerin, was ihr ein feuriges Temperament, beneidenswert kräftiges Haar und eine Vorliebe für Nudelgerichte eingebracht hat. Abgesehen von noch hundert anderen Dingen ist sie politisch außerordentlich links angesiedelt und war dahingehend eine Zeit lang derart engagiert, dass sie sich ernsthaft überlegte, in die Politik zu gehen (diese Idee hat sich aber nach nur zwei Treffen beim zuständigen Ortsverband in Luft aufgelöst wegen: »Zu viele Spackos«).

Warum ich Janas politische Gesinnung erwähne: Das ist einer der Punkte, die Jana bei ihren Dates vorsichtig bei ihrem Gegenüber abklopft. Und dank Tinder sogar bevor sie dieses Gegenüber das erste Mal trifft. »Dann sind ganz viele Themen einfach von vornherein klar«, findet sie. Ich persönlich halte diese vorsorgliche Auslese zwar für nachvollziehbar, bin aber von ihrer Notwendigkeit nicht unbedingt überzeugt – zu lange habe ich mit meiner Mutter und meinem Stiefvater unter einem Dach gelebt, die eine lange Zeit eine große Liebe füreinander hegten, obwohl sie politisch nicht auf einer

Wellenlänge lagen. Das fiel meistens gar nicht auf, außer am Wahlsonntag, wenn sie gemeinsam zum Wahllokal gingen: Mein (konservativer) Stiefvater voraus und mit zehn Metern Abstand meine (grüne) Mutter hinterher, und sowohl auf dem Hin- als auch auf dem Rückweg flogen die Fetzen. Das hatte fast etwas Folkloristisches.

Jana jedenfalls vermeidet dieses Szenario unbedingt (so wie Raucher, Italiener und Männer mit aufgestellten Polohemd-Krägen). Mit geschickten Fragen leuchtet sie in ein paar Winkel potentieller Kandidaten, und je nachdem welche Schatten die zurückwerfen, wird dann das was mit dem Treffen oder nicht. Und dann ist es natürlich passiert.

Während Anne und ich vergnügt in unseren Cocktails rühren, geht die Tür des Café Einstein auf und Jana kommt mit einer wahren Trauermiene auf uns zu. Wir halten inne.

»Was ist denn mit dir los?«, fragt Anne erschrocken, und Jana lässt sich mit einem Seufzer in den Sessel plumpsen. Wir sehen sie gespannt an.

Jana wirft die Hände in die Luft: »Ich habe einen total tollen Typen kennengelernt.«

»Aber das ist doch ... super!«, freut sich Anne, aber Janas leicht verzweifelter Gesichtsausdruck will so gar nicht zu ihrer Neuigkeit passen.

»Nicht?«, fragt Anne deshalb, und Jana sieht gequält zwischen uns hin und her. »Er ist in der Politik«, und als wir sie immer noch ratlos anstarren, lässt sie die Katze aus dem Sack, »im Ortsverband. Bei der – CSU.«

Kurze Stille, dann prusten Anne und ich los. Es dauert ein paar Minuten, bis wir uns wieder beruhigt haben, und während dieser Zeit sieht Jana uns genervt an. »So lustig ist das auch wieder nicht«, findet sie, und ich wische mir ein Tränchen aus dem Augenwinkel.

»Doch!«, quietscht Anne, und dann lachen wir weiter.

Jana kommt schließlich doch noch dazu, uns zu erzählen, wie es zu dieser »Riesenkatastrophe« kommen konnte: Jana war mit Kollegen Mittagessen beim Italiener um die Ecke, und am Nachbartisch saß eine Runde, die ebenfalls nach Büro-Mittagessern aussah.

»Wobei«, legt Jana nachdenklich ihren Zeigefinger an den Mund, »da waren ziemlich viele mit Kurzarm-Hemden, ich hätte was ahnen können«. Einer aus dieser Runde hatte es Jana beim ersten Blick sofort angetan und, oh selige Fügung, er blieb, als seine Kollegen sich schließlich erhoben, einfach sitzen. Jana tat es ihm nach, sie lächelten sich an, er kam an ihren Tisch, und dann folgten »die reizendsten eineinhalb Stunden seit 2017«, sagt Jana, und das will was heißen, denn 2017 war das Jahr des Argentiniers.

»Er war so, so, so … nett!«, resümiert sie fassungslos, und Anne legt ihr mitfühlend eine Hand aufs Knie: »Das ist ja wirklich, wirklich bedauerlich«, und dann prusten wir wieder los.

Als Anne und ich uns beruhigt haben, kommt es doch noch zu einer näheren Betrachtung der »Problematik«. Denn Jana fühlt sich tatsächlich in einer Zwickmühle. »Ich finde die CSU total beknackt«, sagt sie, woraufhin Anne zu denken gibt: »Vielleicht ist es aber auch beknackt, einen Typen auszusortieren, nur weil er mit deinen politischen Ansichten nicht übereinstimmt. Er ist ja jetzt kein AfD-Reichsbürger.« Punkt für Anne.

»Weiß er eigentlich, wie du so tickst, politisch?«, hakt sie nach, und Jana nickt. »Ja.«

»Und will er dich immer noch treffen?«

»Ja«, nickt Jana wieder, und weil ihr selbst auffällt, dass da einer deutlich toleranter rüberkommt als die andere, versucht sie das wieder hinzubiegen: »Aber – das gibt bestimmt permanent Zoff!«, versucht sich Jana zu rechtfertigen, und jetzt ist es an mir, Jana an etwas zu erinnern: »Nichts gegen dich«, bereite ich mit einem Seitenblick Anne darauf vor, »aber Jana, wie stehst du zu Schutzengeln? Zu Wasser-Energetisierung, Reiki und generell dem Hang unserer lieben Freundin Anne, permanent ins Esoterische zu lappen?«

»Ach«, wischt Jana meine Einwände weg, »das ist doch was anderes.«

Ist es aber nicht. Jana liebt Anne nämlich trotzdem, auch wenn wir alle drei, ohne es auszusprechen, wissen, dass Jana das alles für kompletten Unfug hält.

»Euch eint mehr, als euch trennt, in der Summe«, finde ich, und auch wenn es zu Diskussionen kommt und auch wenn man nicht einer Meinung ist, kann man jemand anderen gernhaben – und sich verlieben. Kann ja sein, dass sich genau das herausstellt, was Jana befürchtet, nämlich dass der Mann und sie zu verschieden sind und alles nicht funktioniert, dass es nicht zu Diskussionen und Gesprächen kommt, sondern nur zu Streit – aber es von vornherein auszuschließen, ist doch auch blöd.

Es ist schwierig, wenn das, was man will, nicht übereinstimmt mit dem, wie alles zu sein hat. Noch ärger trifft das Bea, die Feministin par excellence. Par excellence ist hier eine Art Level 2, denn obwohl ich mich selbst als Feministin bezeichne (weil ich gleiche Rechte für Frauen eine super Sache finde), bin ich lange nicht so engagiert, wie Bea das ist. Die Leute haben ja verschiedene Missionen in ihrem Leben, Beas Mission ist der Kampf für die Rechte der Frau, und sie tut auch was dafür, im

Gegensatz zu mir, also mehr als reden. Ich habe Bea sehr gern, wir teilen außerdem die Leidenschaft für Gamba-Lasagne, und wenn es die gibt, dann kommt Bea zum Essen.

Während einer dieser Abende und einigen Gläsern Rotwein (wir teilen glücklicherweise auch die Leidenschaft für Rotwein) rückt Bea mit etwas heraus, an das ich sofort denken musste bei Janas CSUler-Geschichte. Bea trägt nämlich auch einen Konflikt mit sich herum, und der ergibt sich aus der Kombination von A und B:

A ist Beas Idee einer »guten« Feministin.

B ist Beas Vorliebe für wirklich herabwürdigenden Sex. Und zwar herabwürdigend für die Frau, also Bea.

Für Bea sind die beiden nicht in Einklang zu bringen. »Ich kann doch nicht auf der Demo zum feministischen Kampftag eine Rede gegen die patriarchalen Strukturen halten und dann abends im Bett drum betteln, dass mich der Typ beschimpft und an den Haaren festhält!« Bea zählt dann noch einige der Dinge auf, die sie ebenfalls ganz verlockend findet, und ja, das sind Herausforderungen, auch auf der organisatorischen Ebene, denn so viele Männer muss man erst mal zusammentrommeln. Weil sie so ein schlechtes Gewissen hat, versucht sie, sogar heiß zu finden, was in ihren Augen »ok« ist, zum Beispiel feministische Pornos.

»Aber das klappt nicht«, seufzt sie, »da wird soviel geredet und das ganze Vorspiel und ... mir ist das zu langweilig. Ich will keine hippen Pärchen beim zärtlichen Vorspiel sehen. Ich will Animalisches!« Bea findet just jene Stellungen und Praktiken demütigend für die Frau, die sie so richtig anmachen. Ein Dilemma.

Beas Dilemma, denn das Lustige ist: Ich sehe bei der ganzen Nummer überhaupt keinen Widerspruch. »Es kommt doch nicht darauf an, *was* du machst, sondern *warum* du es machst«, finde ich, »also wenn du dich an den Haaren ziehen lässt, weil du das eben richtig dufte findest, ist das doch etwas anderes, als wenn du das mitmachst, weil der Mann das will.«

Bea ist noch unsicher, aber ich bin mir ganz, ganz sicher, und zwar deswegen, weil ich in einer Diskussion mit so einer ähnlichen Nummer schon mal konfrontiert war, allerdings mit der wesentlich jugendfreieren Variante:

»Darf ich denn überhaupt (Männern) gefallen wollen?«

Die Frage habe ich mir tatsächlich gestellt, nachdem mir Kirsten, eine gute Freundin von Bea, genau das vorgeworfen hatte, als sie mich das erste Mal nicht in Jeans und T-Shirt, sondern höchst aufgebrezelt in einem rattenscharfen Kleid gesehen hat. Ich solle mir doch bitte schön überlegen, in welchem Licht ich erscheinen wolle. Meinte Kirsten.

Habe ich überlegt, und Kirsten kann mich mal. Ich darf anziehen, was ich will, was kurze Röcke und hohe Hacken beinhaltet, ich darf wollen, dass mich die ganze Welt und mein Date im Speziellen begehrenswert findet, und ich darf vor einem Mann auf die Knie gehen, wenn ich das will. Was gibt es denn Selbstbestimmteres, als das zu tun, was man will? Das lasse ich doch nicht von anderen bewerten und zwar aus keiner Richtung, auch nicht aus einer feministischen, soweit kommt's noch.

Damit war ich zwar bei Kirsten unten durch, aber das ist bei Leuten, die sich im Besitz von Wahrheiten über andere wähnen, vielleicht gar nicht das Schlechteste. Seien wir doch froh, dass es keinerlei Bekleidungsvorschriften gibt, weder gesellschaftliche noch religiöse, und nein, anzuziehen, was man will, heißt nicht, dass man das hier aushalten muss:

»Ohlala, wen haben wir denn da?!«
KUSSGERÄUSCHE
»Hey Schnecke, komm doch mal rüber!«
»Wow! Geiler Arsch!«

Das passiert mit kurzem Rock und hohen Hacken zwar häufiger, kennen aber alle Frauen, auch dann, wenn man in Jeans und Parka unterwegs ist. Liebe Männer: Das ist kein Kompliment. Man pfeift Hunden hinterher, nicht Frauen. Leute, die man respektiert, redet man so nicht an, egal was jemand anhat. Es ist herabwürdigend. Und wirklich nicht vielversprechend – ich kann mir nicht vorstellen, dass jemals eine Frau an einem Mann vorbeigegangen ist, er ihr »Pspsps schmatz-schmatz« hinterhergerüsselt hat, und sie dann so: »Aaaawwww ...!!!«

Aber darum geht es nicht, was? Es geht darum, dass sich derjenige irgendwie männlich-dominant vorkommt, deswegen machen das ja auch immer die Herrschaften, die bei Frauen so wie in allen anderen Lebensbereichen beeindruckend erfolglos unterwegs sind. Inzwischen hat diese erbärmliche Nummer einen Namen bekommen, nämlich *Catcalling*, aber sie ist natürlich uralt und wie immer, wenn etwas »schon immer« so ist, kann man sich gar nicht vorstellen, dass es so gar nicht sein muss. Muss es aber eben nicht, und wann immer jemand so tut, als wären Sie ein Hund oder eine Katze: Wenn Sie sich trauen (trauen Sie sich ruhig!), zischen Sie zurück. So etwas wie »FRESSE!« zum Beispiel. Es gibt nämlich überhaupt keinen Grund, freundlich zu Menschen zu sein, die einem Unbehagen bereiten und sich dabei auch noch vorkommen wie der King of Currywurst. Apropos, etwas war schon immer so:

DAS DARF MAN NICHT WEGEN TRADITION!

»Tradition« ist auch so ein Wort, das jedem vernünftigen Argument sofort allen Wind aus den Segeln nimmt. Dabei teilt sie die Dinge auf in solche, die man unbedingt tun muss, und solche, die man auf keinen Fall tun darf. Sie ist zum Beispiel schuld daran, dass süße neugeborene Babys *Reinhold* genannt werden – »Es ist der erste Sohn, das ist bei uns so Tradition!«. Da kann das Kind ja nur froh sein, wenn ihm aus dem gleichen Grund nicht auch gleich die Vorhaut abgeschnippelt wird, und was den Leuten noch so einfällt aus Tradition.

Aber es geht ja nicht immer gleich ums Verstümmeln, es gibt Traditionen, die sind überaus erfreulich, lustig oder haben zumindest etwas mit Essen zu tun. An sich sind Traditionen aber oft etwas ganz und gar Absurdes, einfach weil man etwas tut, »weil man das schon immer so tut«. Und nicht anders. Das geht dann soweit, dass beim Trachtenumzug des Bechtsriether Schützenvereins Sankt Loisl, trotz vorherrschenden 34 Grad im Schatten, die Umherziehenden leider nicht ihre Wolljackerl ausziehen dürfen. Weil wo kämen wir da hin. Ja wohin denn, fragt man sich da doch.

Wie absurd genau Traditionen sein können, stellte ich erst im Ausland fest: Wenn man mit etwas nicht selbst aufgewachsen ist, hat man da ja etwas mehr Abstand im Blick. Wenn Sie zum Beispiel einem Außerirdischen zu erklären versuchen, warum sich große Mengen von Menschen einmal im Jahr auf der Theresienwiese in München versammeln, sich in eigens dafür vorgesehene Kleider hüllen und sich dann ins Nirvana saufen – da kommt man schon mal in Erklärungsnot. Und warum nochmal wird im Mai ein toter Baumstamm aufgestellt? Von außen gesehen ist vieles nun mal wunderlicher als aus der Nähe. Den Vogel abgeschossen in dieser Disziplin hat für mich aber Katalonien:

Als das Kind auf die Welt kam, wohnten L. und ich in einem alten Steinhaus auf dem Land in Katalonien, Spanien. Es war idyllisch und wunderschön, und das Glück hatte uns reizende Nachbarn beschert und eine KiTa im Nachbarort. Von dieser KiTa holte ich irgendwann in der Vorweihnachtszeit das Kind ab und sah mich das erste Mal mit dem Tió konfrontiert: Der Tió ist ein Stück Baumstamm, vorne auf die Schnittfläche ist ein lächelndes Gesicht aufgemalt, er hat eine rote Mütze auf, und zwei Ästchen dienen als Arme oder Beine, auf jeden Fall stützen sie den Tió, sodass er aussieht wie ein dicker, freundlicher Holzklotz beim Liegestütz. Ich hab' das mal völlig professionell hier illustriert:

Sympathisches Kerlchen, oder? Das Kind war wahnsinnig beeindruckt, im Kindergarten wurden Lieder über den Tió gelernt, und es wollte unbedingt einen zuhause haben. Besser als ein Meerschweinchen, fand ich, extrem easy zu haben und saisonal noch dazu. Nur was man damit anfangen sollte, war mir nicht ganz klar.

»Was macht man denn damit?«, fragte ich das Kind.
»Man schlägt ihn!«, grinste das Kind.
»Was? Warum denn um Himmels Willen?«
»Damit er scheißt.«
»WAS?«
Tatsache, in der Vorweihnachtszeit verdrischt man den Tió mit einem Stock und singt dabei im Kreise der Familie:

Scheiß, Tió, scheiß Tió,
Haselnüsse und Pinienkerne,
piss Weißwein
zum Weihnachtsfest.
...
Wenn du nicht scheißen willst,
werde ich dich mit einem Stock schlagen.
La la la lala ...[2]

Man deckt ihn dafür wenigstens immer mit einer Decke zu, damit er sich nicht erkältet (WTF?), und am 24. Dezember, wenn die Kinder im Advent brav den Tió verdroschen haben, finden sie Süßigkeiten und kleine Geschenke unter der Decke: Voilá, der Tió hat geschissen. Kannst du dir nicht ausdenken, sowas.

---

2 Die originale Version, die ich kenne, in lang:
Caga tió, d'avellanes i de pinyó
pixa vi blanc de les festes de Nadal.
ara vénen festes, festes glorioses
menjarem conill i llebres si en tenim.
Caga tió, caga tió
si no vols cagar, et donaré un cop de bastó.

Ich versicherte mich bei den Nachbarn, dass das Kind mir da keinen Quatsch erzählt hatte (so wie es mal versucht hatte, mir einzureden, dass man freitags in den Kindergarten immer Süßigkeiten zur Brotzeit mitnehmen müsse …). Aber auch die Nachbarn bestätigten mir, genau so sei es und bekamen dabei diesen leicht nostalgischen Glanz in den Augen, als sie sich an ihre Kindheit erinnerten, und fingen sofort an, mit dem Kind den scheißenden Tió zu besingen. Aber hey – warum nicht. Absurder wird es jetzt nicht mehr, dachte ich, und wir haben zuhause dann ebenfalls das arme Ding verhauen.

»Ich finde es ja pädagogisch bedenklich«, sagte meine Mutter, »dass man verprügelt wird, wenn man keine Geschenke rausrückt«, und eventuell haben da die Bedenken aus ihr gesprochen, was wohl passiert, wenn sie das nächste Mal ohne Mitbringsel hier aufschlägt.

Aber außer dem Tió hat das Kind bis heute niemandem Prügel angedroht. Absurder wurde es dann natürlich doch noch, nämlich als die Faschingszeit kam, beziehungsweise deren Ende, und am Aschermittwoch die Kindergartentruppe loszog, um eine Sardine zu beerdigen. Ja richtig, einen Fisch. Kein Witz. Jedes Jahr zu Beginn der Fastenzeit wird eine Sardine beerdigt – die Wiese hinter dem Kindergarten muss voll sein mit Sardinenskeletten.

»Ist nicht dein Ernst!«, sagte meine Mutter.

»Doch«, bestätigte ich, und von der »Corema«, einer Oma-Figur aus Pappe mit sieben Beinen, erzählte ich dann gar nicht mehr: Der reißt man nämlich in jeder der sieben Fastenwochen ein Bein aus …

Das mag zwar alles recht seltsam anmuten, aber seltsamer als ein Osterhase oder am Polterabend ein komplettes Porzellanservice zu zerdeppern, ist es dann auch nicht. Na gut, ein bisschen vielleicht. Auf jeden Fall sind es prima Traditionen, wir machen die gerne mit, sie sind nicht stressig, es werden keine Babys verstümmelt, und sie tun auch sonst niemandem weh (außer der Sardine).

Seit der Tió bei uns eingezogen ist und Sardinen beerdigt werden, ist mir klar geworden, dass Traditionen echt beliebig sind. Sie wurden irgendwann eingeführt, von Leuten, und sie könnten ebenso leicht geändert oder abgeschafft werden, von Leuten. Um nicht zu sagen: Tradition ist auch nur Gruppenzwang, aber von Toten. Deswegen ist »Tradition« oder »das machen wir schon immer so« auch kein valides Argument, wenn man an ebenjenem rütteln möchte.

Ginge es nach der Tradition, dann hätte man ja auch bei dem schönen Brauch der Hexenverbrennung bleiben können! Oder bei Menschenopfern generell, das war doch auch schön!

Anders sieht die Sache aus, wenn es Traditionen gibt, die wir zelebrieren und unbedingt beibehalten möchten, aber durch veränderte Lebensumstände wird die Durchführung kompliziert. Viele wunderbare Traditionen scharen sich um die Weihnachtsfeiertage zusammen, jede Familie hat vermutlich ihre ganz eigenen Gesetze, wie und was wann zu machen oder zu unterlassen ist, und an denen wird auch nicht gerüttelt. In Janas Elternhaus ist es Tradition, dass die gesamte Familie gemeinsam zur Christmette geht. Für alle, die in Sachen Religion nicht so firm sind: Die ist nachts um zwölf. Als Jana und ihre Geschwister klein waren, war das auch gar kein Problem: Spätnachts wurden die Kinder in die Kinderwagen gepackt und durch die drei Gassen im Dorf zur Dorfkirche geschaukelt, wo sie dem Chor lauschten und später selig weiterschliefen. Total schön war das, sagt Jana. Diesen Moment versucht die

Familie irgendwie weiterleben zu lassen – ein Drama, das aus fünf Akten besteht:

1. Alle reisen am Tag vorher bei den Eltern an.
2. Nach der Bescherung versuchen alle, nicht einzuschlafen, was bei denen, die inzwischen selbst Eltern sind, nicht klappt.
3. Der Rest ist betrunken.
4. Um kurz vor zwölf rappeln sich alle auf, sind insgeheim total stinkig darüber und ziehen ihre Kinder mit, die ganz offen total stinkig sind, sie passen nämlich nicht mehr in einen Kinderwagen und müssen laufen. Nachts um zwölf. In eine eiskalte Kirche.
5. Am nächsten Tag sind alle froh, es wieder überstanden zu haben und verabreden sich fürs nächste Jahr.

Total schön, oder? Ändern kann man daran leider nichts, und die Idee, dass man ja alternativ zu einem Weihnachtsgottesdienst am Spätnachmittag gehen könne, trifft auf heftigsten Widerstand: Das ist nämlich keine »echte« Christmette, sondern nur eine Christvesper! (für alle, die in Sachen Religion nicht so firm sind: *weniger* religiös), und außerdem – vor allem außerdem!

Dass man so unbedingt an etwas festhalten will, weil es »schon immer« so war, verstehe ich trotz allem gut, leider klaffen Vorstellung und Realität aber oft kilometerweit auseinander. Bei uns zuhause war an Weihnachten das Abendessen unverhandelbar, und wer *Am Arsch vorbei geht auch ein Weg, Teil 1* kennt, der weiß, wovon ich rede:

Es gab nämlich SCHON IMMER Fondue an Weihnachten. Fleisch-Fondue. Diese Tradition habe ich von der Kindheit und der Jugend in die Erwachsenenzeit und in meine eigene Familie gerettet. Bis jetzt haben sich ihr noch alle unterworfen, Gott sei Dank auch L., alles lief super, und dann kam das Kind. An seinem ersten Weihnachten war das unkompliziert, denn so aufregend wir auch sein erstes Weihnachten fanden, das Kind hat es komplett verpennt. Allerdings gab es durchaus Stressmomente, hauptsächlich wegen dieses blöden Gefäßes, das unter dem Fondue-Topf stehen und den Spiritus beinhalten sollte, was aus zwei Gründen nicht möglich war:

Das Gefäß war verschwunden.

Der Spiritus war verschwunden.

Ausschließlich der Heiligkeit des Abends ist es zu verdanken, dass es an selbigem nicht zu einem ausgewachsenen Streit kam, wer für die Aufbewahrung von Küchengeräten zuständig ist (L.).

Im Jahr darauf war das Kind hellwach und half begeistert bei den Weihnachtsvorbereitungen. Das führte zu hellblauen, rosa, gelben und grünlichen Haaren während der Backzeit bei Kind und Hund, und auch der Baum sah etwas anders aus als sonst: Im untersten Meter des Christbaums hängte das Kind nämlich alles über die Äste, was in seinen Augen als Christbaumschmuck durchging wie zum Beispiel Socken, Stofftiere, Alufolie und zur Freude des Hundes: Wurstscheiben.

Alle waren froh und zufrieden (vor allem der Hund), und dann kam Heiligabend.

Ab Mittag stand L. in der Küche und bereitete Soßen zu. Das ist toll, und die Soßen, die er macht, sind traumhaft. Er macht immer fünf, sechs verschiedene Soßen – und er ist den ganzen Nachmittag über beschäftigt. Das heißt, ich kam irgendwie nicht dazu, mich und das Kind hübsch zu machen, die letzten Geschenke zu verpacken, und auch die Mahalia-Jackson-CD verliert etwas von ihrer besinnlichen Wirkung, wenn man währenddessen alle paar Minuten ruft: »Nicht den Hund ablecken!«, »Du sollst doch nicht den Hund ablecken« und »Jetzt sage ich es nicht nochmal!«

Als die verdammten Soßen fertig waren, saßen wir um das Fondue: L. noch mit seiner Schürze um, ich in Jogginghose, das Kind stach mit der Fondue-

gabel in seine Hausschuhe, und wir schoben den Fonduetopf so weit von ihm weg, dass er sich nicht an dem heißen Öl verletzen konnte, was dazu führte, dass wir halb aufstehen mussten, um das Fleisch hineinzugeben, und das Kind wie am Spieß schrie, weil es natürlich das war, was es auch machen wollte. Dann ging das Feuer unter dem Topf aus. L. und ich sahen uns mit aufgerissenen Augen an: Nicht schon wieder!

Alle taten, was sie konnten: L. hob das heiße Öl hoch, ich versuchte mich an der Brennpaste, und das Kind fütterte den Hund mit Eiersoße, aber alles half nichts:

Die Brennpaste ließ sich nicht wieder entzünden.

Aber L. wollte dieses Jahr ganz sicher gehen: »Ich habe vorsichtshalber noch Brennspiritus gekauft!« Triumphierend füllte er die Flüssigkeit in das Gefäß (er hatte sogar ein Ersatz-Gefäß gekauft), und was soll ich sagen: Der Spiritus brannte nicht. Also überhaupt kein kleines bisschen, null, nada, niente. Diesen Spiritus hätte man zur Brandbekämpfung einsetzen können! Schließlich kochten wir unser gutes galizisches Rindfleisch in dem Öl über ein paar Teelichtern hellgrau und ertränkten es in Soße (außer Eiersoße, die war inzwischen im Hund). Allerdings nur kurz, denn das Ganze hatte so lange gedauert, dass das Kind nicht mehr sitzen bleiben wollte, und ich musste doch erst mit dem Glöckchen klingeln und die Musik wieder anmachen! Kurzum: Es war nicht sehr weihnachtlich, zumindest dieser Teil nicht.

»Fondue am Arsch vorbei!«, heißt es seitdem. Also nicht ganz, denn jetzt findet das Fondue-Essen am 1. Feiertag statt. Ganz gemütlich, in Jogginghosen, mit einer Soße weniger und das Kind kann währenddessen spielen oder mit am Tisch sitzen, wie es ihm gefällt. Niemand muss auf die richtige Musik, das Glöckchen und das Timing achten, oder darauf, ob die Geschenke schon an ihrem Platz liegen. Und am Weihnachtsabend selbst gibt es Harmonie-Würstchen mit Kartoffelsalat. Vielleicht wird das eine neue Tradition. Zumindest so lange, bis sie wieder jemand ändert.

DAS DARF MAN NICHT, WEIL BELDEIDIGT!

Ganz klar, niemand will Leute beleidigen. Also eigentlich will man das ziemlich oft, meistens im Straßenverkehr, aber im Groben und Ganzen hat sich der Konsens durchgesetzt, dass es für ein friedliches Miteinander ganz hilfreich ist, wenn man nicht in all den Momenten, in denen man sich denkt »Vollidiot«, laut sagt: »Vollidiot.« Diese Einsicht hat unzählige Beschäftigungsverhältnisse und Ehen gerettet, sowie Prügeleien verhindert, und lediglich wenn die Wut zu hoch kocht oder nach zu viel Bier kann dieser Konsens kurz in Vergessenheit geraten. Also sagen wir, niemand will aus Versehen Leute beleidigen.

Meine Erinnerung mag mich täuschen, aber ich habe den Eindruck, auf dem Gebiet der Empfindlichkeiten hat sich etwas getan: Als ich vor vielen Jahren in einer Kneipe hinter dem Tresen arbeitete und meinem Kellner-Kollegen Peter und mir langweilig war, kamen wir auf die eventuell dämliche, aber eben auch sehr lustige Idee, die Hitler-Spezialwoche auszurufen. So wie McDonald's *Los Wochos* feierte, um mexikanisches Zeug zu vermarkten, hatten wir die Hitler-Woche. Man muss unbedingt dazusagen, dass es sich bei der Kneipe nicht um den Ausschank eines rechtsextremen Vereinsheims handelte, sondern um ein linksalternatives Kneipenkollektiv – deswegen fanden wir es ja auch so lustig. Peter malte sich ein Bärtchen unter die Nase, schlug an den Tischen die Hacken zusammen und fragte die verdutzten Gäste freundlich: »Ond?« Das Brot vorneweg wurde zum »Hitlergruß aus der Küche«, und egal was die Gäste bestellten, Peter bot stets braune Soße dazu an.

Ich erspare Ihnen die Aufzählung aller Wortwitzchen zu dem Thema, nur soviel: Wir hatten Spaß. Die Gäste hatten mit uns

Spaß und lachten herzlich über den *HEIL-Butt* und *veget-arische Gerichte*, aber es gab auch Gäste, die das geschmacklos und doof fanden und uns erklärten »Das macht man nicht« und »Darüber macht man keine Witze«. Die Mehrheit waren Alt-68er, die doch noch Anwälte und Zahnärzte geworden waren, an französischem Rotwein nippten und in Altbauwohnungen rundherum wohnten. Rückblickend muss ich sagen: Eventuell war das damals schon geschmacklos und doof, und seitdem die Rechtsextremen so aus dem Ruder gelaufen sind, würde uns das heute vielleicht auch nicht mehr einfallen. Über solche Dinge kann man sich austauschen, irgendjemand wird die Aktion von damals bestimmt unter aller Kanone finden und jemand anders nicht.

Haben Sie jetzt Angst, ich verteidige rassistische Witze? Verstehe ich – ich habe bei meinen Mitmenschen auch immer die Befürchtung, gleich kommt irgendwas, das irgendeine vollkommen unerträgliche Haltung offenbart. Da meldet sich eine Studienkollegin aus alten Zeiten und nach dem ersten Smalltalk, was aus uns geworden ist, tut sich hast-du-nicht-gesehen ein Abgrund auf, der einen entsetzt und ratlos macht. Irgendwas mit den Handys von Geflüchteten oder dass die Fridays-for-Future-Kids erstmal den Dreisatz lernen sollten oder Ähnliches. Was waren das für goldene Zeiten, als dieser Abgrund lediglich die Aufforderung war, bei einem Pyramidensystem einzusteigen oder irgendwelche Kosmetik bei ihr zu ordern, damit habe sie sich jetzt nämlich selbständig gemacht.

Ich breche jetzt aber gar keine Lanze für diejenigen, die verletzende Dinge von sich geben und Kritik daran als »Sprachpolizei« bezeichnen und behaupten »Man darf ja gar nichts mehr sagen«. Überhaupt nicht. Ich habe aber festgestellt, dass es eine neue Art gibt, mit der mir Leute auf die Nerven gehen können, einfach dadurch, dass sie sich moralisch erhöhen. Das Thema zum Zweck ist dann fast egal. Vorbildlich macht das Dirk, ein Freund von L., der Konversationen regelmäßig innerhalb der ersten zehn Minuten durch eine Frage dieser Art unterbricht:

»Waaaas? Du/Ihr _____???« sowie:
»Waaaas? Du/Ihr _____ NICHT ???«

Also wenn es in einem Gespräch über ein Rezept für Parmesansoße geht, die ganz hervorragend ist und super zu Roastbeef passt, sagt Dirk:
»Waaaas? Ihr esst immer noch Fleisch???«
Entdeckt Dirk in unserem Hausmüll einen Joghurtbecher, den ich aus Versehen nicht in den Plastikmüll sortiert habe: »Du weißt schon, dass der da nicht reingehört?«, und wenn wir noch mit runtergehen und ihn zum Auto begleiten und den Hund mitnehmen: »Lässt du den unangeleint laufen???«
Per Mail und persönliche Nachrichten werde ich dann von Dirk mit Informationen versorgt, die stets seine Ermahnung des letzten Gesprächs untermauern, und zwar anhand von Links zu Online-Artikeln, die sich mit dem Thema beschäftigen. »Waaaas? Du rauchst immer noch???« heißt es am Ende eines Abends im Angesicht meiner Zigarette und Zack! habe ich am nächsten Tag eine Studie über die Lebenserwartung von Rauchern im Posteingang. Dirk fragt auch ab, ob wir am Wahlsonntag ja zuhause sind, und wenn wir ihn im Auto mitnehmen, ob wir das Auto eigentlich oft benutzen? Er hat nämlich gar keins mehr. Und hätte er das richtig verstanden? Meine Mutter kommt mit dem Flugzeug, um uns zu

besuchen? Denn das muss man sich ja auch erst mal trauen, in der heutigen Zeit.

Ich habe in solchen Momenten nicht nur große Lust, Dirk zu fragen, ob seine Frühstücks-Mango (»Sooo gesund! Müsst ihr probieren!«) eigentlich aus Ghana bis hierher gewatschelt ist – ich habe auch große Lust, mich danebenzubenehmen. Denn das Ding ist: Ich bemühe mich ja. An allen Fronten, wirklich.

Es gibt Leute, die tun noch viel mehr, als sich nur zu bemühen, und das ist großartig – das tut Dirk aber nicht. Der suhlt sich lediglich in dem Gefühl, auf der richtigen Seite zu stehen. Nicht auszudenken, Dirk wäre in unsere Hitler-Woche in der Kneipe geplatzt. Soweit muss man aber gar nicht gehen – es reicht, Sie provozieren mit so einer markigen Aussage wie: »Ich mag Brokkoli lieber als Kürbis!« Da können Sie aber in Deckung gehen, denn was Dirk daraus macht, ist: »Du willst also sagen, du magst Kürbisse nicht? Was ist falsch an Kürbissen? Und was ist eigentlich mit Blumenkohl, Karotten und Bohnen? Hm?«

Es ist zugegeben echt schwer, Dirks Drang zum absichtlichen Missverstehen zu unterscheiden von berechtigter Kritik an irgendetwas, aber ich bemerke, dass dieser Drang um sich greift. Ermahnungen von einem Dirk, der sich schützend vor alles stellt, ohne dass ich es angreifen würde, lassen so eine komische Stimmung entstehen, in der er sich wohl fühlt und ich mich schuldig – obwohl ich gar nichts getan habe.

Als wegen des Coronavirus der Staat eine Ausgangssperre verkündete, kursierte im Internet ein Foto von dem 80er-Jahre-Horrorfilm *Shining* (in dem ein Vater in der Einsamkeit eines abgeriegelten Hotels durchdreht und seine Familie umbringen will). Drunter hatte jemand geschrieben: *Ein paar Wochen Isolation mit der Familie – was soll da schon passieren?*

Also das ist vielleicht kein Meilenstein des feinsinnigen Humors, aber für einen schnellen Lacher reicht es allemal. Wissen Sie, was der Inhalt des ersten Kommentars unter dem Foto war? Raten Sie:

1. *War es:* Haha! 🙂

2. *Oder:* **GEILER FILM!**

3. *Oder war es: Das ist eine Verharmlosung häuslicher Gewalt, so viele Frauen werden täglich Opfer häuslicher Gewalt, damit werden sie auch noch verhöhnt, danke!*

Wie Sie bestimmt schon vermuten, ist die Antwort Nummer 3 richtig. Wie Sie hoffentlich ebenfalls vermuten, verurteile ich häusliche Gewalt ebenso sehr, wie ich die Opfer selbiger bedaure. Dieses Problem nimmt während solch einer Situation auch ganz sicher zu, aber die Neigung, wie im Affekt die Umwelt zu belehren, das schafft mich. Weil die Herrschaften natürlich im Prinzip Recht haben, aber hey – lasst doch mal die Kirche im Dorf. Sonst müsste man am Ende noch den Fasching im Kindergarten absagen, weil sich ein Clown, ein Batman und ein Dinosaurier durch die Verkleidungen der Dreijährigen aus der Pinguingruppe angegriffen fühlen könnten … Und natürlich kann man vermitteln »alles außer Indianerkostümen« und auch, warum (das ist den Kindern eh egal, das große Ding ist, dass sie keine Waffen mitnehmen dürfen, und das zu vermitteln ist ja auch kein Problem). An dieser Stelle sollte ich sagen, dass ich selbstverständlich das Dissen von ethnischen Gruppen, Berufsgruppen und ausgestorbener Tiere ebenso sehr verurteile, wie ich ihre Unterdrückung – und im Fall der Dinosaurier auch ihr Aussterben – bedaure. Ich sollte mich auch jedes Mal explizit als Feministin outen, bevor ich aus Versehen über einen Witz lache, der mein Geschlecht (also das weibliche Geschlecht generell, nicht mein persönliches Fortpflanzungsorgan) auf die Schippe nimmt. Aber wissen Sie was: Ich will das nicht. Es ist mir schlicht zu anstrengend.

Ich habe mich schon selbst dabei beobachtet, dass ich einen sehr schönen Spaß spontan belacht habe und mir im Moment darauf die Gewissensfrage selbst gestellt habe: War das jetzt in Ordnung von mir? Darf ich da lachen?

Dabei haben die Menschen, und das ist das Absurde daran, ein sehr genaues und untrügliches Gespür dafür, ob ein Witz nach unten tritt oder – nicht. Wenn er das tut oder wenn er generell menschenverachtend ist oder rassistisch oder sexistisch oder irgend so etwas Hirnverbranntes, dann finden wir es auch nicht lustig. Zumindest nicht, wenn wir keine Rassisten oder Sexisten sind und auch sonst noch alle Tassen im Schrank haben.

Aber dafür brauche ich keinen Dirk, das merkt man von selbst. Und dieses Wissen erlaubt mir zu lachen, ganz ohne dass ich dieses Lachen vorher eingehend beleuchte, ob es dort draußen erwünscht ist oder nicht.[3]

---

[3] Und wenn gefragt wird, warum zum Beispiel Randgruppen selbst durchaus Witze über ihre eigene Randgruppe machen dürfen, und das wäre dann doch auch kacke, da kann man ein ganz schnelles Experiment zum Selbst-Erleben machen: Denken Sie einfach an etwas an Ihnen, mit dem Sie hadern. Sei es eine große Nase, ein dicker Bauch, zu wenig Brust oder ein hängender Penis oder umgekehrt, ein geringes Selbstwertgefühl oder Schüchternheit. Egal was. Wenn Sie nun genau darüber Witze reißen, dann kann sich das gut anfühlen: Es ist eine Art, sich mit diesem ungeliebten Makel anzufreunden und abzufinden. Wenn Sie sich jetzt vorstellen, jemand anders macht Witze über Ihren Bauch oder Ihr Selbstwertgefühl – dann ist das verletzend.

Falls ich Ihnen damit auf die Füße trete, weil Sie tragischerweise erst vor kurzem einen Dinosaurier verloren haben, dann lassen Sie es mich mit einem anderen Beispiel veranschaulichen:

Als ich einmal mit meinem Stiefvater in seinem Auto unterwegs war, wandte er sich mit ernster Miene zu mir und sagte:

»Sag mal, weißt du eigentlich, was man macht, wenn man auf der Autobahn nicht mehr weiß, wo man ist?«, und ich schüttelte den Kopf und sah ihn gespannt an, in Erwartung einer total nützlichen Lebensweisheit, die mir irgendwann in der Not helfen würde.

Da hob er wichtig den Zeigefinger und sagte: »Ganz einfach! Man dreht um und macht das Radio an!«

Und noch während ich irritiert in meinem Kopf nach einer Gedankenverbindung suchte, brach er in schallendes Gelächter aus und schlug sich mit der Hand auf den Oberschenkel. Falls Sie auch so langsam kapieren wie ich: Man wartet darauf, dass im Radio die Meldung kommt, dass zwischen Oberdings und Neubums ein Geisterfahrer unterwegs ist, und schon weiß man, wo man ist. Sagen Sie nichts, ich weiß, dass das ein echt lauer Witz ist. Aber wer möchte, kann jetzt sagen, dass jedes Jahr im Schnitt zwanzig Menschen durch Geisterfahrer auf deutschen Autobahnen ums Leben kommen, und eindringlich in leicht erhöhtem Tonfall: »ES GEHT HIER UM MENSCHENLEBEN!«

Das kann man praktisch immer machen – und ich sollte wohl hinzufügen, dass ich Witze, die menschliches Leid herabwürdigen, ebenso sehr verabscheue, wie ich deren Schöpfer verachte.

Es gibt doofe, mitteldoofe und lustige Witze, die treten manchen auf die Füße und anderen nicht: Ich zum Beispiel komme aus Bayern, und ich musste über diesen Tweet recht breit schmunzeln:

Pray for Bayern!
Da ist nichts passiert, mir tun nur die Leute leid, die da leben[4]

Überraschung: Einige Bayern sind deswegen eingeschnappt. (Dirk wiederum würde sich darüber aufregen, dass die Pray-for-Phrase für einen Witz missbraucht und somit wahrhafte Anteilnahme verspottet wird.)

Aber wenn wir soweit mit uns im Reinen sind, lassen wir uns nicht von Dirk kirre machen. Wer sein Umfeld absichtlich missversteht, um zu belehren und sich besser zu fühlen, ist nicht um die Welt, um andere oder gar um sein Gegenüber besorgt, sondern nur um sich selbst. Und schlimmer noch: Es lenkt von Dingen ab, die wir tatsächlich ändern müssen, und sei es nur im Sprachgebrauch, zum Beispiel weil sie von den Betroffenen selbst als beleidigend empfunden werden. Ist ja nicht schwer! Wie gesagt, ich komme aus Bayern. Hier sind sie stolz darauf »Oachkatzlschwoaf« sagen zu können. Da kann »Paprikasauce Ungarische Art« ja kein Problem sein.

DAS DARF MAN NICHT, WEIL MAN SONST EIN SCHLECHTER MENSCH IST!

Ganz klar, es gibt eine Menge Dinge, die einen, wenn man sie denn tut, als schlechten Menschen outen. Leute umbringen zum Beispiel. Schlecht. Ganz schlecht. Mit Waffen oder Plutonium handeln, betrügen, bebomben und in der Pause einer langen

---

[4] Twitter.com, X Æ A-12 Musk @newnamewh0dis, 07.August 2020

Autofahrt erschöpft an der Tanke einen Kaffee im Wegwerfbecher kaufen ... oh, wait:

Vielleicht ist das gar nicht sooo schlimm. Also das mit dem Kaffee. »Doch«, sagt Dirk. Seit er den Joghurtbecher in meinem Hausmüll gesehen hat, ist er da wachsam. Das ist er, weil er die Umwelt und das Klima schützen will (unter anderem), und ich finde das ein super Anliegen, und auch wenn Dirk mir das nicht abnimmt: Ich will das alles auch. »Aber der Wegwerfbecher ...«

Ja nun.

Wann hat das eigentlich angefangen? Also, ich meine diese Idee, dass diejenigen, die den Müll produzieren, schon mal nicht verantwortlich sind für die Vermüllung des Planeten – sondern Eva Meier, die vor dem Joghurt-Regal steht.

Eva Meier ist durch ihren Konsum außerdem schuld an der Massentierhaltung, an den schlechten Arbeitsbedingungen der Erntehelfer, und weil sie sich ein Handy gekauft hat, auch gleich an der Suizidrate der Belegschaft des Elektronikunternehmens in Taiwan, das die Teile dafür liefert.

Diese Verschiebung der Schuld ist schon ziemlich alt und außerdem genau so gewollt: Bereits in den 1950er-Jahren gab es in den USA eine Kampagne mit dem wunderbaren Namen *Keep America Beautiful*, mit dem Ziel, die zunehmende Vermüllung durch Einweg-Plastikprodukte einzudämmen. Was in der Kampagne nicht gefordert wurde: staatliche Rahmenbedingungen, die Unternehmen zwingen, weniger Müll oder umweltfreundlichere Verpackungen zu produzieren. Stattdessen war ein Indianer zu sehen, der mit seinem Kanu durch einen vermüllten Fluss paddelt, im Hintergrund qualmende Schlote und verstopfte Autobahnen. Aus dem Off ertönte dazu eine sonore Stimme: *»People start polution, people can stop it.«* (Menschen beginnen mit der

Umweltverschmutzung, Menschen können sie stoppen.) Es hieß wohlgemerkt nicht: »Wachstumsorientierte Wirtschaftsriesen beginnen mit der Umweltverschmutzung, Wachstumsorientierte Wirtschaftsriesen oder die Politik können sie stoppen.«

Finanziert wurde die Kampagne zu einem großen Teil von Firmen wie Coca Cola, Pepsi Cola und Philipp Morris, also von Konzernen, die einen Großteil der Einwegverpackungen produzieren, die in der Umwelt landen. Mülltüten, Wattestäbchen, Strohhalme, Plastikflaschen für Shampoo oder Getränke, all der Kram. Das heißt so viel wie: *Hier, kauft diesen, unseren unverträglichen, umweltschädlichen Müll, den man nach einmaligem Benutzen wegschmeißen muss, aber habt wenigstens ein schlechtes Gewissen dabei, und seht zu, wie ihr dieses Problem in den Griff bekommt! Grüße!*

Und dann sitzt man da auf dem Sofa und sieht sich eine Doku darüber an, wo unser Müll eigentlich hintransportiert wird und wie es dort deswegen aussieht, und fühlt sich schrecklich, weil man sich heute schon wieder mit einem Wattestäbchen im Ohr rumgebohrt hat. Ich bekomme das weltweite Müllproblem einfach nicht in den Griff, das muss ich mir eingestehen, und das, obwohl ich so gut es geht, Verpackungsmüll vermeide und recycle und alles – aber: Ist die Lösung des weltweiten Müllproblems eigentlich meine Aufgabe? Und warum wird es mir so schwer gemacht? Bei der Müllvermeidung und auch beim »korrekten« Einkaufen?

Wenn ich versuche, korrekt einzukaufen, muss ich auf Zack sein, weil Hersteller verschleiern, wo ihr Zeug herkommt, wo es verpackt wurde und, falls lebend, wo es wie aufgezogen und gefüttert wurde, wie ihre Arbeiter gehalten werden und welche Strecken Arbeiter und Tiere auf sich nehmen mussten. Bezeichnungen sind absichtlich irreführend, Inhaltsstoffe ohne Lupe und Lexikon der chemischen Grundbegriffe nicht lesbar, Verpackungsgrößen täuschen über den tatsächlichen Inhalt und ... und so weiter. Ich weiß nicht, welche Nudeln mit Eiern ohne Kükenschreddern hergestellt wurden und ob der Mozzarella von einer Kuh stammt, die schon mal Tageslicht gesehen hat, und irgendwie denke ich, das ist meine Verantwortung, das herauszufinden und eventuellen Täuschungsmanövern der Industrie nicht auf den Leim zu gehen. Und dann kommt mir in den Sinn, wie cool das wäre, wenn ich einfach Dinge kaufen kann, weil ich weiß, dass die geltenden Standards garantieren, dass dieser Einkauf kein Desaster für Tier, Mensch oder Umwelt darstellt. Es wäre doch total toll, wenn es Leute gäbe, die sich, gerne gegen Steuergelder, genau darum kümmern – oh Moment. Die gibt es ja.

Ich möchte diese Verantwortung hiermit zurückgeben, an die Verursacher und an die Stellen, deren Job es ist, diese Verursacher in die Pflicht zu nehmen. Deswegen mache ich trotzdem mit beim lokalen Cleanup-Event, und ich versuche trotzdem, die Umwelt zu schonen, aber ich will mit meinen persönlichen Kaufentscheidungen der Politik nicht die Arbeit und den Konzernen nicht die Verantwortung abnehmen. Ich will nicht, dass wir uns gegenseitig Vorwürfe machen (beziehungsweise Dirk mir), anstatt das große Ganze zu sehen. Und ich kann mich für den Umweltschutz einsetzen und trotzdem saumüde an der Tanke den Kaffee to go kaufen ohne meine Glaubwürdigkeit zu verlieren.

ALSO WANN IMMER IHNEN SO ETWAS BEGEGNET

Den CSU-ler darf man nicht.
Den Sex, den man gerne hätte, darf man nicht.
Gefallen wollen darf man nicht.
RTL statt Arte darf man nicht.

DIE SPECIALS

Als Mutter darf man nicht ...

Als Frau darf man nicht ...

Als politisch korrekte Person/Feministin/Verheiratete/Single/20- oder 50-jährige/Türkin oder Angelsächsin darf man nicht ...

Würstchen an Weihnachten darf man nicht.

Witze über Bayern darf man nicht.

Die Dings-Musik darf man nicht, und die Y-Filme sind Schund.

Den Kaffee an der Tanke darf man nicht ...

... und außerdem – Zucker!

Oder setzen Sie ein, was bei Ihnen nicht gedurft werden darf und dann schicken Sie das mit einem eleganten Schwung – Zack! – genau: am Arsch vorbei.

Das darf man eben alles schon. Und lassen Sie sich bloß nicht verrückt machen von denen, die sagen »Das wird man ja wohl noch sagen dürfen!«. Natürlich dürfen sie. Sie dürfen über alle Themen diskutieren, die Ihnen in den Sinn kommen, und all das passiert ja auch. Und über all das können wir uns austauschen, und man kann auch mal nicht einer Meinung sein, und auch das darf man. Nur diese Diskussion als Ort für Hass und Hetze missbrauchen, das ist halt unter aller Kanone.

So schlau wie ich daherrede über Vielfalt und dass es völlig in Ordnung ist, wenn man selbst oder jemand anders irgendeiner festgelegten Norm nicht entspricht, so schwierig ist, hat es sich herausgestellt, das im Affekt auch anzuwenden – und zwar in dem Moment, in dem ich einen neuen Mann kennengelernt habe (unnötig zu sagen, dass Jana sich sehr lange und sehr laut ins Fäustchen gelacht hat).

Wo der plötzlich herkommt? Und was mit L. passiert ist? Warten Sie – ich schiebe da schnell ein Kapitel zum Thema ein.

4. TRENNUNGEN

Lassen Sie uns über Trennungen sprechen. Ich weiß nicht, wie Ihre Erfahrungen mit Trennungen so sind, aber meiner Erfahrung nach verlaufen die meisten katastrophal, desaströs oder furchtbar. Sogar dann, wenn man selbst diese Trennung will. Eine Trennung konfrontiert einen ja unter Umständen mit Wahrheiten über sich selbst, die man so nicht auf dem Zettel hatte. Eine bittere Wahrheit über sich selbst musste zum Beispiel Ines erfahren, die sich nach vielen Jahren Ehe (und fast ebenso langem Jammern über selbige) endlich, endlich doch zu einer Scheidung durchgerungen hat. Ich schwinge für Ines die Pompons, denn ihr Ex-Mann ist zum einen ein Torfkopf, zum anderen hat sie sich dazu durchgerungen, trotz ihrer Zukunftsängste und trotz all der schlimmstmöglichen Szenarien, die sie sich fleißig in den wildesten Farben ausgemalt hat. Es war ein langer Prozess, aber irgendwann war es soweit, und Ines war nach einer Zeit voller Verzweiflung, Anwaltsterminen und Organisation schließlich voller Vorfreude auf das wunderbare Leben, das da vor ihr lag – jetzt, wo endlich alles Unbill in Form ihres Mannes aus selbigem verschwinden würde.

Umso bitterer war die Erkenntnis, dass es eventuell gar nicht dieser Mann war, der ihr all die Jahre das Leben versaut hatte, sondern sie selbst. Lange vor der Trennung, zu einem nicht näher zu bestimmenden Zeitpunkt, hatte sich in Ines Unzufriedenheit breitgemacht – sie hätte nicht mal sagen können, woher die kam. Vielleicht war das Leben nicht so, wie sie es sich vorgestellt hatte, vielleicht war es der Abschied von Träumen und die lauen Kompromisse, vielleicht war es, weil sie immer älter wurde und das Gefühl hatte, ihr Leben liefe ihr einfach davon – oder eine Mischung aus all dem. Man weiß es nicht genau, denn sie konnte sich nie dazu durchringen, dieser Unzufriedenheit auf den Grund zu gehen, sondern schob sie von sich weg und direkt ihrem Mann zu.

Er war schuld an ihrem Unglück! Das war einfacher, denn dadurch war jeder Handlungsbedarf weit weg, und ihr waren quasi die Hände gebunden, sie konnte sich beschweren, soviel sie wollte und bekam dafür obendrein Verständnis, Anteilnahme und musste keinen Finger rühren. Das alles hat Ines natürlich nicht absichtlich so eingefädelt, sondern es ist irgendwie so passiert.

Erst als sie sich von der vermeintlichen Quelle ihres Unglücks trennte, fiel ihr auf, dass ihr Mann, Torfkopf hin oder her, gar nicht der Schuldige war. Und diese Erkenntnis brachte ihr ganzes Konstrukt zum Einsturz, in dessen Trümmern sie nun völlig erschrocken stand und klar sehen konnte: Sie war die ganze Zeit selbst verantwortlich für ihr unglückliches Leben gewesen. Sie hatte in ihrem Mann gar keinen Gegner gehabt, sondern gegen Windmühlen gekämpft, es gab gar keinen Gegner. Außer sie selbst. Es war, als würde sie plötzlich einen Vorhang zur Seite schieben, der ihr die ganze Zeit die Sicht genommen hatte, und dahinter war verschwommen ein Weg zu sehen. In diesem Moment löste sich auch der Groll auf ihren Mann in Luft auf, es tat ihr leid, dass sie ihm die Verantwortung für sich selbst aufgebürdet hatte und noch mehr tat es ihr leid, dass sie so lange bis zum Anfang des Weges gebraucht hatte.

»Aber besser spät als nie!«, lächelt sie mich an, als sie mir die ganze Geschichte erzählt, und sie sieht plötzlich stärker aus als früher, schöner – der Blick auf den Weg lässt sie eine ganz neue Regung spüren, etwas flackert plötzlich in ihr auf, und das ist das Leben. Man kann dieses Aufflackern sehen, sie strahlt förmlich.

Will man selbst nicht die Trennung, ist es – schwer. Mit am ärgsten hat es unlängst meinen Freund Hummel getroffen, der wusste nämlich erst mal gar nicht, dass er getrennt war. Also getrennt wurde. Eines schönen Tages kam Hummel von der Arbeit nach Hause, den Einkauf fürs Abendessen (Lasagne) im Schlepp, und sein Freund war – weg. Für Hummel also eine relativ überraschende Trennung.

Die Regel ist das nicht, meistens weiß man ja, wenn es nicht so gut läuft. Viele wollen das lange nicht wahrhaben und brauchen eine gewisse Zeit, bis sie sich mit dem Gedanken an eine Trennung angefreundet haben. Das ist anstrengend für alle Beteiligten, also auch für Freunde und unter Umständen und je nach Temperament des Paares sogar für die Nachbarn.

Meine Freundin Jana zum Beispiel führte mit einem ihrer Liebsten gegen Ende der Beziehung derart lautstarke sowie regelmäßige Streitgespräche, dass sie irgendwann einen Zettel an ihrem Briefkasten fand, augenscheinlich von einem ihrer Nachbarn:

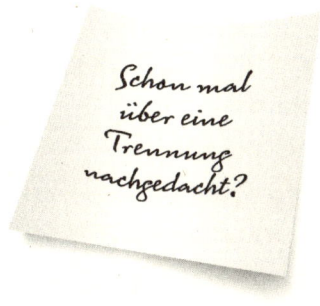

Und das hat sie dann auch. Insgesamt sind inzwischen Trennungen deutlich seltener geworden als früher, scheint's. Gründe für eine Trennung früher konnten sein:

- Er braucht das Klopapier immer auf und legt keine neue Rolle nach.
- Irgendwie ist es nicht mehr so doll.
- Er isst die Chips zu laut.
- Ich habe Paul wiedergetroffen …

Weil wir alle älter geworden sind und wissen, dass es immer irgendwann nicht mehr so doll ist, dass Klopapier-nicht-nachlegen ein verhältnismäßig geringes Vergehen ist und dass auch Paul keine Zehn ist, müssen die Gründe für eine Trennung schon triftiger sein.

Man wird vorsichtiger mit Trennungen, vielleicht auch, weil man irgendwann die Schnauze voll hat von diesem ewigen Kreislauf. Schließlich hat man ja auch noch was anderes zu tun, als sich auf dem Markt der Möglichkeiten herumzutreiben, und dann ist man froh, irgendwann jemanden an der Seite zu haben, der da auch bleibt, den man (meistens) lieben kann und der die eigene Ansammlung von Neurosen gut erträgt.

Dann schlägt man dieses Buch zu und kann sich anderen Dingen widmen. Die Einzige, die ich kenne, die permanent dieses Buch wieder aufschlägt, ist Jana, die wird nach ein bis maximal zwei Jahren Beziehung immer unruhig und fängt dann schon mal ganz unverbindlich das Blättern an …

Anne hingegen liebäugelt damit, eine verrückte alte Katzenlady zu werden, und verliebt sich bis dahin ebenso regelmäßig wie erfolglos in irgendwelche Gurus, die sie auf ihren Seminaren,

Retreats und Workshops so kennenlernt. Die Gurus hingegen verlieben sich nur in »Spirits, deren Energie noch hell leuchtet« – also in Frauen Anfang zwanzig.

Der Rest meines Bekanntenkreises mit Beziehung teilt sich auf in:

A. Ist total zufrieden.
B. Ist im Angesicht der Alternativen zufrieden.
C. Hat sich mit der Situation abgefunden.
D. Denkt nachts an Paul.

Die meisten tummeln sich um B herum, was Abweichungen nach oben oder unten miteinschließt (manchmal auch D). Das sieht dann aus wie ein extrem schwankender Aktienkurs. An einem Tag gelingt der rasante Aufstieg nach einem romantischen Dinner oder im Angesicht einer liebevollen Notiz, die einem auf dem Küchentisch hinterlassen wurde (»Ich liebe dich« oder »Lasagne ist im Kühlschrank«). Anderntags vergisst er, das Kind vom Kindergarten abzuholen, schläft beim Seriengucken ein und so ein Sabberfaden hängt aus seinem Mund, und er hat SCHON WIEDER, beziehungsweise SCHON WIEDER NICHT ... und – Zack! geht der Kurs in den Keller.

Wenn sich trotz dieser ganz normalen Schwankungen der Kurs um B herumbewegt, steht einem glücklichen Leben zu zweit nichts im Wege. Im Idealfall sind die Vorstellungen von diesem Leben nicht komplett unterschiedlich, und man bringt so großartige Dinge wie Kinder, Hypotheken und einen Alltag zusammen hin.

L. und ich haben das alles hervorragend zusammen hingekriegt. Als ich L. vor ungefähr Hundert Jahren kennengelernt habe, wusste ich sehr schnell, dass es der jetzt sein sollte. Gott sei Dank konnte ich ihn davon überzeugen, dass ich es jetzt auch sein sollte, beglückwünschte ihn zu mir und klappte das Buch zu, erfreut, mich mit diesem Kapitel nicht mehr beschäftigen zu müssen. Das ist nun eben hundert Jahre her, und es hat sehr gut geklappt, mit L. und mir. Wir verstehen uns einfach! Und genau dabei ist es irgendwann geblieben.

Ich weiß nicht, wann das passiert ist, aber zwischen den Jahren und dem Kind, dem kaputten Drucker und den Umzugskisten, hat sich unser Zusammensein auf seine Kernkompetenz abgeschliffen: Wir verstehen uns gut! Wäre dies ein Spiel oder eine Art Ausbildung, hätten wir beides erfolgreich durchgespielt beziehungsweise abgeschlossen. Jetzt kann man natürlich aufgrund dieser Erkenntnis eine Flasche Schampus köpfen, dem zugehörigen Partner High Five geben und sich dann als das beste Team diesseits des Mississippi feiern – und das ist überhaupt keine schlechte Sache. Viele Paare sind damit glücklich geworden, auch lebenslang. Für wieder andere wäre es das Schönste, überhaupt einmal so etwas zu erleben, die schlagen sich nämlich mit Partnern herum, mit denen es gerademal für ein beidseitiges Einverständnis zur Waffenruhe reicht. Also warum sollte ich mich beschweren, ich undankbares Ding?

Bei Anne stieß ich auf Unverständnis der gehobenen Sorte: »Du willst doch nicht etwa das ALLES«, und dabei beschrieb sie einen riesigen Kreis mit ihren Armen, »aufgeben?«

Das will ich nicht! Aber nichts von dem, was in diesem Kreis des ALLES enthalten ist, bedeutet, dass wir deswegen eine Beziehung führen müssen. Weil L. und ich nicht in einer gemeinsamen Wohnung leben, sondern jeder in seiner, weiß ich auch, dass ich den Alltag ganz hervorragend alleine hinbekomme, auch mit Kind, und wenn ich abends noch ein bisschen in der Küchentüre stand, die auf die Terrasse rausgeht und dort in die Nacht blickte, dann kam da immer mal wieder eine Idee und hing in der Luft. Ob das jetzt für immer so weitergehen sollte oder ob ich vielleicht noch einmal ein neues, ein anderes Leben anfangen könnte und wie das wohl wäre ... und je öfter die Idee vorbeikam, desto weniger war es die Angst, die sich zu dieser Idee gesellt, sondern dieser eigenartige Zauber der Verheißung, der immer entsteht, wenn sich ein Neuanfang ankündigt. Und schließlich tat ich das, was ich immer tue, wenn mir etwas im Kopf herumgeht: es mit L. besprechen.

Der war erst mal sehr still, wusste aber sofort, was ich meinte. Zugegeben, meinem Ego hätte es gefallen, wenn L. in Tränen ausgebrochen wäre, sich die Haare gerauft hätte, und mich, beziehungsweise mein Ego, angefleht hätte, ihn nicht zu verlassen, weil ich die Liebe seines Lebens sei. Egos sind so, da kann man nichts machen. Der Rest von mir war aber ganz froh darum, dass er genau dies nicht tat – denn sonst wäre es echt kompliziert geworden und deswegen gab sich besagtes Ego mit ein bisschen gekränkter Eitelkeit zufrieden. Ego am Arsch vorbei.

Es wurde also keines dieser Gespräche, bei denen man sich gegenseitig Vorwürfe macht und sich Dinge an den Kopf wirft (Geschirr, zum Beispiel). Es war mehr ein Rückblick auf das, was wir waren, und das, was wir sind, und wir kamen zu dem Schluss, wir könnten auch genauso weitermachen – und das wäre nicht die blödeste aller Optionen – aber eigentlich fühlten wir uns für diese Option zu jung. Erschrocken über diese Einsicht saßen wir uns gegenüber und sahen uns lange an, so lange, bis es dunkel wurde und sprachen kein Wort mehr.

In dieser Nacht schlief jeder in seiner eigenen Wohnung und, Überraschung, nicht sehr gut. Ich lag die meiste Zeit wach und malte mir ein Horrorszenario nach dem anderen aus, etwa in dieser Reihenfolge:

- Das Kind nimmt Schaden.
- Ich verliere L. als wichtige Bezugsperson.
- L. hat irgendwann eine andere Frau!
- L. bekommt mit der neuen Frau ein Kind, und sie werden eine glückliche Kleinfamilie, während ich einsam, alt und hässlich werde und vor Gram vergehe.

Und dann heulte ich ein bisschen vor mich hin. Aber am nächsten Morgen stand ich mit meinem Kaffee an besagter Terrassentüre, die Sonne schien und da war er wieder, dieser verheißungsvolle Zauber des Neuanfangs.

Diese beiden Stimmungen wechselten sich in der nächsten Zeit permanent und unkontrollierbar miteinander ab. L. und ich versprachen uns gegenseitig, dass alles gut werden würde und für das Kind änderte sich eigentlich nicht wirklich etwas: Wie schon zuvor war es ein paar Tage bei mir und ein paar Tage bei L., wir aßen oft alle zusammen, und insofern war es nicht sonderlich verwunderlich, dass das Kind unseren gut vorbereiteten Diskurs über die neue Situation mit einem Achselzucken vernahm und anschließend lieber weiter Lego spielte. Deutlich dramatischer waren die Reaktionen unserer Mütter, die beide eine beeindruckende Version des sterbenden Schwans gaben. Unschlüssig, ob ich die Ambulanz rufen oder ob der Darbietung applaudieren sollte, entschied ich mich dazu, abzuwarten und dann beruhigend auf sie einzuwirken. Sie haben schließlich ihre ganz eigenen Ängste.

Tatsächlich ist die Trennung für unsere Umwelt schwieriger als für uns. Diese Erkenntnis hat mich zu Beginn etwas ratlos gemacht: Es geht uns doch gut, dem Kind geht es gut, was soll die Aufregung? Dann habe ich es verstanden: Sie trauerten! Sie trauerten um etwas, dessen Fehlen für uns schon lange normal war.

Kennen Sie diese offiziellen Stadien von Trauer? Die machen sie alle durch:

- Das Leugnen: »Nein! Das glaube ich nicht!«
- Der Zorn: »Habt ihr sie noch alle? Ihr versteht euch doch!«
- Das Verhandeln: »Na wenn es euch damit gut geht und dem Kind auch …«
- Die Depression: »Es ist nur so traurig.«
- Die Akzeptanz: »Na dann …«

Bei Jana kommt noch ein weiterer Punkt hinzu, ich nenne ihn *Die Vorfreude*, und er beschäftigt sich hauptsächlich mit der Frage, ob es wohl irgendwann einen oder mehrere neue Männer in meinem Leben geben wird, wie die wohl sein werden und wo die herzubekommen seien. Anne hingegen trifft es schlimm, in ihrer Welt waren wir so etwas wie der letzte Hoffnungsanker, dass es diese eine, perfekte Liebe gibt, die für immer hält.

Das ist auch so ein Phänomen, oder? Dass man andere Leute trösten muss, obwohl man selbst diejenige ist, der es gerade so mittel geht?

Unsere Trennung verlief derart leidenschaftslos, dass es eine wahre Pracht war. Ich schenkte L. einen Batzen Geld für die Renovierung seiner Bar, L. holt weiterhin zuverlässig das Altglas ab, weil er meistens das Auto hat, und schleppt kistenweise

Bier in meine Wohnung, und mehr als einmal sprang ich in der Kneipe ein, wenn mal wieder eine Bedienung nicht zur Arbeit kam.

In dieser ganzen Zeit und bis heute gibt es jede Menge Arschvorbei-Momente. Ohne diese wären wir vermutlich nicht ganz so heil aus dieser Sache herausgekommen:

FEHLER DES PARTNERS BLEIBEN ...

... sie sind halt dann Fehler des Ex-Partners. Und Überraschung: Was mich vor der Trennung an L. genervt hat, nervt mich immer noch. Seine Fehler und Macken haben sich mit der Trennung nicht in Luft aufgelöst. Natürlich, Kleinigkeiten fallen weg. L. übernachtet nicht mehr hier (es sei denn, er pennt todmüde auf dem Sofa ein), das heißt, es steht in der Regel morgens kein dreckiges Geschirr mehr auf der Arbeitsplatte über der Spülmaschine, von dem L. immer davon ausgegangen war, dass es irgendwie von selbst da durch diffundiert. Hurra!

Die großen Dinger aber bleiben. L zum Beispiel verwechselt schon immer zuverlässig Wochentage und Daten sowie generell alles, was mit Zahlen zu tun hat. Aus diesem Grund stand er schon mehrmals an einem Flughafen oder Bahnhof und wunderte sich, wo die Transportmittel blieben (oder ich stand an einem Flughafen oder Bahnhof und wunderte mich, wo L. blieb). Wenn früher etwas außer der Reihe stattfand, habe ich L. das also nicht nur irgendwann mitgeteilt, sondern ihn am selbigen Tag noch mal daran erinnert. Auch das hat sich nicht geändert – bei Dingen, die das Kind betreffen. *Heute um 18 h von Leo abholen!* schreibe ich ihm dann zum Beispiel eine Nachricht am Morgen, obwohl ich L. bei der Übergabe vor zwei Tagen ausführlich darüber informiert habe. *Danke!* kommt es zurück.

»Ich würde den knallhart auflaufen lassen! Soll er doch zusehen, wie er es hinbekommt. Und wenn er es nicht hinbekommt, hat er eben das Nachsehen!«, sagt die Mama von Leo, eine ebenfalls getrennte Mutter, mit der ich mich gut verstehe. Sie fährt eine Art Null-Fehler-Toleranz-Strategie gegenüber ihrem Ex-Mann, und das ist ja auch völlig in Ordnung, denn warum sollte irgendeine Art von Unvermögen des Ex zum eigenen Problem werden?

Ich habe aber genau zwei Möglichkeiten:

Entweder ich denke den ganzen Tag immer wieder daran, ob L. sich wohl gemerkt hat, dass er heute das Kind von Leo abholen soll, ärgere mich dann darüber, dass ich daran denke (und über L. im Allgemeinen und seinen blöden Fehler gleich mit), werde ab 18 Uhr nervös und schiele aufs Handy, ob sich Anna meldet, weil L. nicht auftaucht. Selbst wenn niemand anruft, und das Abholen prima klappt, bin ich dann genervt. Und fragen Sie nicht nach Sonnenschein, wenn er es tatsächlich vergeigt, dann bekomme ich nämlich einen Anfall, der sich gewaschen hat, und L. einen Anpfiff, der sich ebenfalls gewaschen hat, und wir sind alle so richtig mies gelaunt für die nächsten Tage.

Die andere Möglichkeit ist: Ich schreibe am Morgen eine Nachricht.

Ich bevorzuge die zweite Möglichkeit. Und zwar ganz ohne Groll, denn: Diesen beknackten Fehler hat L. schon immer, und ich hab mir diesen L. damals nun mal ausgesucht, das habe ich jetzt eben davon. Wollte ich ihn ändern, müsste ich ihn am Stirnlappen operieren, und da fehlt mir einfach die Fachkenntnis.

Und ich habe auch jede Menge Gutes davon: Ich habe nämlich auch ein paar winzig kleine Fehler, und L. lässt gegenüber diesen Fehlern ebenso viel Nachsicht walten.

Wir tun uns also gegenseitig permanent Gefallen, das schließt diverse »Kannst-du-zum-Elternsprechtag-gehen?« mit ein sowie beidseitige »Können-wir-nächste-Woche-Tage-tauschen?« und auch »Gehst du zum Kindergeburtstag?«. Das funktioniert aber auch deshalb gut, weil keiner von uns beiden einen Groll hegt. Grolle neigen nämlich dazu, sich mithilfe irgendeines beliebigen Ventils Luft zu machen, da kommen Fehler des Ex-Partners gerade recht. Das ist verlockend – so ein Groll will ja raus. Wie verlockend das ist, habe ich selbst gemerkt, nämlich als L. irgendwann fragte, ob ich mit ihm ausgehen wolle. Falls Ihnen nun auch kurz der Gedanke durch den Kopf geschossen ist, dass es nun die romantischste Wiedervereinigung seit Dick und Doof gibt, da kann ich Ihnen gleich sagen: So eine Stimmung lag nicht in der Luft. Aber ich trug trotzdem Wimperntusche auf, man weiß ja nie.

KEINE GROLL-UMLEITUNG

Seit der Trennung haben L. und ich zwar jede Menge Kontakt und sehen uns teils jeden Tag, aber das hat organisatorische oder Kindergründe, deswegen bin ich über die Einladung überrascht. Jana und Anne weihe ich vorsätzlich nicht in unser Treffen ein, sonst machen sie sich noch Hoffnung, dass wir wieder zusammenkommen – zumindest Anne. Jana ist ja schon dabei, eine unverbindliche Vorauswahl potenzieller neuer Kandidaten zusammenzustellen.

Also warum eigentlich nicht, gehen wir aus, denke ich, und so sitzen wir eines schönen Abends auf der Terrasse einer Cocktailbar. L. ist extrem gut gelaunt, wir plauschen über dies und jenes und dann kommt L. zum Punkt: Er hat eine Frau kennengelernt. BÄMM!

Und während L. irgendwelches Zeug erzählt, von der Frau und davon, dass er deshalb vielleicht eine größere Wohnung suchen müsse (!) und dabei strahlt wie ein Honigkuchenpferd, verschwimmen seine Worte in meinen Ohren zu einem Klangbrei, und mir tropft eine Träne in den Mojito. Nicht, dass ich es mir anders überlegt hätte und ihn wieder zurückhaben will, ich bin auch nicht eifersüchtig, aber es ist der Moment, in dem es noch vorbei-er ist und noch fassbarer, wie endgültig jeder von uns seinen eigenen Weg gehen wird. AUSSERDEM IST ES DOCH GERADE ERST VORBEI HERRGOTTNOCHMAL – wie kann er da so schnell … Und dann übernimmt die gekränkte Eitelkeit des Egos das Kommando.

Am nächsten Morgen wache ich auf, und da ist er, der Groll. L. hat mir nicht nur von der neuen Frau erzählt, er hat das obendrein eine Woche vor dem Geburtstag des Kindes gemacht, ein Tag, den wir deswegen in seiner Gesamtheit zusammen verbringen würden. Mit seinen Eltern.

»Aua. Arschloch.«, murmle ich am Morgen nach dem traurigen Mojito in die Kissen und will L. erst mal nie wiedersehen. Das klappt dann auch prompt nicht, und den besagten Kindergeburtstag verbringen wir wie geplant zusammen. Und immer, wenn ich L. heimlich von der Seite ansehe, wie er gut gelaunt dasitzt, scherzt und lacht und Kuchen futtert, zieht sich in meiner Brust alles zusammen und ich denke »Aua. Arschloch.«

Ich sage aber zu L. nicht »Aua. Arschloch.«, ich sagt zu L. in der darauffolgenden Zeit Dinge wie:

- »Nein, ich kann *nicht* Tage tauschen.«
- »Kannst du dir nicht EINMAL was selbst merken?«
- »Schau, dass du dich endlich ummeldest!«
- »Komm *ausnahmsweise* mal pünktlich!«

Oder:

- »Du solltest dir echt mal überlegen, was du für ein Vorbild abgibst!«
- »Hat das Kind immer noch das gleiche T-Shirt wie vor drei Tagen an?«

Ich werde zu einer richtig biestigen Alten. Jeder meiner Sätze ist ein »*Aua. Arschloch.*«, es besteht lediglich aus anderen Worten. L. nimmt es geduldig hin und wehrt sich nicht. Zum Glück, denn sonst würden wir uns sowas von in die Wolle bekommen, dass ich nicht sicher bin, ob wir das Knäuel je wieder entwirren könnten.

Wenn ich mich so umsehe, braucht es noch nicht mal eine neue Liebe des Ex-Partners, um zu grollen. Es reicht auch Trennungsschmerz, die Trauer um den Lebensentwurf, der nun vielleicht nicht Wirklichkeit wird, das gekränkte Ego, enttäuschte Erwartungen und so fort: Verletzungen, die zu einem Groll werden, sind so vielfältig wie eine große Schachtel voller Pralinen, und in jeder ist Kacke. Auch die Möglichkeiten »Aua. Arschloch.« zu sagen, ohne exakt diese Formulierung zu benutzen, sind schier unendlich.

Teile dieser Umschreibungen von »Aua. Arschloch.« betreffen dann oft das Haus, das Kind oder den Hund und »Ich hab deine Dings-Sammlung entsorgt«.

Das Blöde an dieser Nummer ist: Sie hilft einem überhaupt nicht. Sie lindert keinen Schmerz und zügelt keinen Zorn, und gegen Traurigkeit hilft sie auch nicht. Noch nicht mal die erhoffte Genugtuung stellt sich ein – es ist eine echte Nullnummer.

(Abgesehen davon gibt es natürlich jede Menge Ex-Partner, die sich vor, während oder nach einer Trennung aufführen wie Vollidioten, das vermutlich schon immer waren und für die »Arschloch« keine Metapher ist, sondern schlicht eine treffende Bezeichnung.)

Was sehr wohl gegen den Groll hilft, sind die zwei gleichen Hippie-Dinge von immer:

1. Verstehen
   Also erkennen, was man da tut, und dass es einem eventuell nicht um Dings oder Bumms geht, weswegen man den anderen anpfeift, sondern um die eigene Verletztheit und sich diese eingestehen.
2. Verzeihen
   Siehe »Fehler des Partners bleiben ...«. L. zum Beispiel hat den Zeitpunkt, um von seiner neuen Liebe zu erzählen, nicht absichtlich so beschissen gewählt: Es war schlicht gedankenlos. Das kann man scheiße finden und ihn einen Depp schimpfen, und L. kann sich daraufhin entschuldigen und dann kann man auch dies – verzeihen.

Das hilft gegen den Groll. Deswegen hat man aber immer noch den Kummer an sich am Hals, und hier die schlechten Nachrichten: Den wird man erst dann los, wenn es einem selbst besser geht. Sobald es uns gut geht, ist das, was der andere da veranstaltet, nicht mehr ganz so wichtig – es hat nichts mehr mit dem eigenen Befinden zu tun. Das kann aber eine Zeit dauern, und es ist auch völlig in Ordnung, dass dies seine Zeit braucht (siehe im Kapitel »Liebe«: Manchmal kann man einfach nichts tun, außer ein Starkbier zu bestellen).

DAS URTEIL ANDERER LEUTE ...

Abgesehen von unseren Freunden und unseren Familien, komme ich nicht umhin, auch völlig fremden Leuten und Bekannten von der Trennung zu berichten, einfach weil sich die Situation ergibt. Zum Beispiel auf der Bank:

»Wir haben ein ganz tolles neues Produkt für Familien, es ist eine ...«

»Oh danke, aber ... wir sind ... mmmhhh, also wir sind getrennt, wir sind natürlich schon irgendwie ein Familie, aber, also ...«

»Oh. Verzeihung.«

Oder wenn L. und ich gemeinsam irgendwo sind, auf einem Fest oder sonst einem geselligen Zusammenkommen, und ein reizendes Pärchen möchte sich nett unterhalten. Da wird über die jeweiligen Berufe, Kinder und etwaige Bekanntheitsgrade mit den Gastgebern geplauscht, aber früher oder später kommt es dann, zum Beispiel mit der Frage: »Und wie habt *ihr* euch kennengelernt?« Das kann einer von uns beiden durchaus erzählen, aber es kommt dann langsam der Punkt, wo ich den Beziehungsstatus von L. und mir darlege. Auch einfach um klarzustellen, dass wir in keiner denkbaren Zukunft pärchenweise zusammen grillen oder Kniffel spielen werden. Das ist dann oft der Punkt, da können Sie noch so viel lächeln, das reizende Pärchen wird langsam

beidrehen und sich nach anderen Kandidaten für ihre Kniffel-Abende umsehen. Gerade so, als wären wir eine Bedrohung ihrer Glückseligkeit. »Wir sind nicht ansteckend!«, möchte ich dann gerne noch hinterherrufen, aber da sind die dann schon weg.

All das ist nicht schlimm. Ich bin nicht auf der Suche nach neuen Kniffel-Partnern. Wild wird es erst, wenn ich bemitleidet werde. Am Anfang habe ich das gar nicht verstanden – »Ah, nee, der Vater und ich, wir sind getrennt«, sage ich zum Beispiel zur Mutter eines Spielkameraden, den das Kind auf dem Spielplatz aufgegabelt hat, als das Gespräch es erfordert – und die guckt mich dann ganz mitleidig an: »Oh, das tut mir leid.«

»Warum?«, ist mir dann auch prompt herausgerutscht – ich meine, wir kennen uns nicht: Vielleicht bin ich knapp einem vertrottelten Tyrannen entkommen! Hurra! Stellen Sie sich mal vor, ich machte das umgekehrt – die Mutter deutet auf einen Typen neben der Schaukel und sagt: »Das da hinten ist mein Mann«, und ich dann so: »Oh, das tut mir leid.«

Es macht auch einen großen Unterschied, *wer* fragt, warum wir uns getrennt haben: Fragt jemand, der auch sonst an meinem oder unserem Befinden und Wohlergehen interessiert ist, dann weiß ich, dass dahinter echtes Interesse steckt. Manchmal kommt sogar noch der Halbsatz hinterher – »oder magst du nicht drüber reden?«. Das ist fein. Daraus wird dann ein Gespräch, und zwar eins von den guten. Aber wenn die Bekannte einer Bekannten dasselbe fragt, weil, wir hätten doch immer so einen glücklichen Eindruck gemacht, und dabei schon so ein kleines, neugieriges Glitzern in den Augen hat – da weiß man ja erst mal nicht, was man sagen soll. Zumal es ja selten so ist, dass man das nebenbei an der Bar in zwei Sätzen zusammengefasst darlegen kann. Man will auch nicht sein Innerstes vor irgendwelchen Leuten ausbreiten, die man mal flüchtig gesehen hat – und schon gar nicht auf Kommando. Als das das erste Mal passierte, habe ich im Affekt prompt gelogen und etwas von »lief nicht mehr gut« dahingestottert. Im Nachhinein betrachtet, eine äußerst laue Antwort.

NOTIZ AN MICH SELBST

Man ist gar nicht zur Auskunft verpflichtet! Besonders nicht gegenüber Leuten, bei denen man das nicht will, über Dinge, die sie nichts angehen.

Nach internen Besprechungen mit Jana, Anne und viel Wein hatte ich schließlich bessere Antworten für diese Situation parat und konnte aus dem Stegreif erzählen, L. hätte mich mit meiner Mutter betrogen oder er sei schwul geworden – ja, ganz überraschend! Es waren reine Schutzbehauptungen, die aber auch ein bisschen Spaß gemacht haben. L. hat sich das leider inzwischen verbeten.

Aber auch diesmal haben die Damen einen 1A-Ersatz, denn just als ich mich über das Thema aufrege und vor mich hin stänkere: »Warum fragen die das? Ich würde doch auch nie fragen: Warum seid ihr eigentlich noch zusammen?«, sehen wir uns kurz an, und es ist klar: diese Rückfrage, freundlich und lächelnd, ist die beste Antwort.

L., das Kind und ich sind also wie Sie sehen wohlauf, und auch wenn es Tage gab, die doof waren, in denen die Ungewissheit darüber, wie die Zukunft aussehen würde, kein aufregendes Geheimnis war, das gelüftet werden wollte, sondern eine dunkle Wolke, hat sich alles zum Guten gewendet. Apropos gut: Ich hab' da also diesen Mann kennengelernt ...

5. LIEBE

Davon ausgehend wie und wo die meisten Leute ihre Partner so aufgabeln, standen die Chancen jemanden kennenzulernen für mich herzlich schlecht: Trotz des ganzen Getöses um Tinder und Konsorten finden immer noch 39 Prozent ihre zukünftigen Partner im erweiterten Freundeskreis. Das kenne ich von früher: »Das ist der Dings«, hieß es, wenn jemand einen Freund mit zu einer Party brachte oder mit in die Kneipe, und Dings war dann Single, nett, und dann wurde bei gegenseitigem Gefallen eventuell mehr daraus. Soweit, so unkompliziert. Auch L. habe ich so kennengelernt, er war zu Besuch bei einer gemeinsamen Freundin, war gerade Single, nett, wie gefielen uns, und es wurde mehr daraus. Diese Option fällt so gut wie weg. Partys sind inzwischen Verabredungen zwischen Pärchen oder Ausgehabende nach Geschlechtern getrennt, und wenn doch mal irgendwo ein Dings auftaucht, ist der verheiratet und Vater zweier Kinder und darf heute mal alleine ausgehen. Auf Platz 2, wo Leute ihre Partner kennenlernen, steht der Arbeitsplatz, aber an meinem Arbeitsplatz den Mann meiner Träume kennenzulernen, wird aus zwei Gründen schwierig:

1. Es muss der Postbote sein, ich arbeite nämlich von zuhause aus und
2. der Postbote ist eine nette Dame Ende fünfzig.

In Bars und in öffentlichen Einrichtungen lernen nur 12 Prozent jemanden kennen, und mir kommt es so vor, als wäre das ausschließlich Leuten vorbehalten, die im Schnitt zehn bis fünfzehn Jahre jünger sind als ich. Verdammt. Diese ganze Kennenlernnummer war mal so eine lustige Spielwiese! Ich kann mich daran erinnern, dass es unter den Jungs fast schon Wettbewerbscharakter hatte, wer wohl mit der originellsten Nummer landen konnte (Gewinner: Mein Freund Ole, damals unterwegs im öffentlichen Nahverkehr mit einem ausgemusterten Zweit-Handy, das er beim Aussteigen aus der U-Bahn oder dem Bus mit seinem liebenswürdigsten Lächeln der stets völlig verdutzten Auserkorenen in die Hand drückte mit den Worten: »Ich ruf dich an!« Dicht gefolgt von Lothar auf Platz 2: »Und wie geht es dir wirklich?«).

Irgendwann um die Zeit, als die Familiengründungen und Hochzeiten losgingen, hat diese Leichtigkeit aufgehört. Plötzlich suchten alle nicht mehr nach jemandem, der Single war und nett und der einem gefiel, es kam eine Kategorie dazu, die erfüllt werden sollte und die nahm jegliche Leichtigkeit weg: Ist dieser Mensch jemand, mit dem ich mein ganzes zukünftiges Leben verbringen will, einschließlich Kinderkriegen, Hypotheken abzahlen, Sonntagsbraten und dem ganzen Zeug?

Wenn man diese Zeit so wie ich hinter sich gelassen hat, wird es aber nicht wieder leicht und lustig, sondern nun schlägt man sich mit der Kategorie rum: Ist dieser Mensch jemand, der vor lauter Altlasten nicht völlig einen an der Murmel hat?

Trotz all dieser mittelmäßigen Voraussetzungen habe ich dann aber doch jemanden kennengelernt. Einfach so.

Es fängt damit an, dass Jana bei unseren Treffen im Café Einstein permanent den Kopf in alle Richtungen dreht. Das ist etwas irritierend.

»Hallo?«, frage ich dann auch nach, »suchst du jemanden?«, aber Jana winkt nur ab: »Ich schau nur, ob hier was für dich dabei ist.«

Diesen Satz sagt sie sonst nur, wenn sie sich in einem Klamottenladen durch die Auslage wühlt – oder wenn sie eine Cocktailkarte studiert.

»Ob *was* hier für mich dabei ist?«, frage ich denn auch nichtsahnend, und Jana sieht mich an, als hätte ich etwas ganz Offensichtliches nicht begriffen.

»Männer natürlich!« – und dann guckt sie wieder.

Als sie fertig ist mit ihrem Rundumblick und mir wieder geradeaus ins Gesicht sieht, starre ich sie immer noch verständnislos an.

»Was?«, fragt Jana, und ich kann das Gemisch an Gedanken und spontan aufkeimenden Gefühlen gar nicht in Worte fassen, also hebe ich nur die Hände und frage: »Männer?«

»Ja, Männer! Du weißt schon, diese schnuckeligen Dinger – die mit den Pimmeln und den Komplimenten, erinnerst du dich?«, und dann muss ich lachen.

»Ich erinnere mich. Allerdings ist mein letzter Mann vor kurzem erst zum Ex-Mann upgegradet worden und irgendwie fehlt mir der … Speicherplatz für einen neuen.«

Ich habe das zugegeben etwas dämlich ausgedrückt, aber ich weiß nicht, wie ich besser die völlige Unmöglichkeit beschreiben soll, mir einen Mann, also einen mir unbekannten, völlig neuen Mann in meiner Wohnung, geschweige denn in meinem Bett vorzustellen! Ich finde ja unbekannte nackte Füße schon so schwierig! Wie sehr muss man einen Mann gut finden, um seine nackten Füße nicht eigenartig zu finden? Vielleicht ist das der Grund, warum ich so wenige One-Night-Stands vorzuweisen habe: Bis ein Mann mit seinen nackten Füßen in meinem Bett liegt, muss ich schon ziemlich verknallt sein – und das dauert nun mal länger als einen Abend und ein paar Bier. Sagen Sie nichts – wir alle haben unsere liebenswerten Eigenheiten und diese völlig behämmerte ist eine von meinen.

»Was hast *du* denn gedacht, wie du jemand Neuen kennenlernst?«, reißt mich Jana aus den Gedanken um nackte Füße, und ehrlich gesagt, weiß ich das nicht so genau, ich habe mir schlicht noch keine Gedanken dazu gemacht.

»Es wird sich schon ergeben, wenn es denn mal soweit ist«, versuche ich, das Thema zu beenden, aber die Rechnung habe ich ohne Jana gemacht.

»In unserem Alter ›ergibt‹ sich das nicht mehr einfach so, glaub mir. Du bist einfach schon zu lange raus, ich sag dir: das ist 'ne anstrengende Sache, das mit dem Kennenlernen. Überleg doch mal: Wann hast du das letzte Mal einen Mann getroffen, der gleichzeitig Single war, den du anziehend fandest und der keinen Knall hatte?«

Ich überlege, bin verwundert, dass ich so lange überlege – und überlege weiter. Mir fallen zwar haufenweise Männer ein, auf die eins der Merkmale zutrifft, aber nie alle drei.

»Es ist eine alte Weisheit der Hopi-Indianerinnen«, hebt Jana den Zeigefinger in die Luft:

»Single, attraktiv, emotional stabil. Such dir zwei von dreien aus.«

»Das sind ja tolle Aussichten«, rolle ich mit den Augen, und dann gibt mir Jana den Rest: »Und du bist nicht auf den Kopf gefallen, das macht es noch schwerer.«

Ich ziehe eine Augenbraue hoch: »Macht es das?«

»Ja«, nickt Jana, »du willst ja keinen, der doofer ist als du. Aber Männer, die für dich in Frage kommen, orientieren sich oft wie soll ich sagen … nicht auf Augenhöhe.«

»Du meinst, die suchen sich dann eine Frau, die doofer ist als sie selbst?«, frage ich nach und Jana nickt: »Jepp. Und jünger.«

Allmählich deprimiert mich dieses Gespräch.

»Und dann hast du auch noch ein Kind«, höre ich Jana weiterreden und verliere mich in meinen eigenen Gedanken. Warum fällt mir einfach kein Mann ein, der Single ist und der mir gefallen würde? Ist das wirklich so, dass alle vergeben sind und der Rest einen Knall hat? Da war doch mal einer ... ja! Da war definitiv einer, ich erinnere mich genau!

»Kann es auch ein Prominenter sein?«, frage ich mitten in Janas Vortrag über meine schwere Vermittelbarkeit hinein.

»Hm«, überlegt sie nach einem Moment der Überraschung. »Nein, ich glaube nicht, dass Prominente zählen«, und damit ist Brad Pitt auch vom Tisch.

Als ich in dieser Nacht in meinem Bett liege, hallen Janas Worte in meinem Kopf nach und wie immer, wenn ich nicht einschlafen kann, sucht mein Hirn gezielt nach deprimierenden Gedanken, um mich damit zu unterhalten. Es stimmt, ich bin nicht mehr jung. Verdammt. Ich habe mal einen Tweet gelesen, in dem es um Dinge ging, von denen man nicht versteht, dass es sie überhaupt gibt und wozu – und da stand als Pointe tatsächlich *Frauen ab 40*. Das fand ich abgesehen von einigen anderen Dingen wirklich verletzend. Noch schlimmer war allerdings ein Artikel darüber, wie absolut himmlisch und großartig Frauen über 40 sind – und auf dem Symbolbild darüber war eine halbnackte Zwanzigjährige, die sich lasziv eine Haarsträhne um den Finger wickelte. Vielleicht ist es wirklich so, wie mein Freund Ole einmal meinte: »Das ist ausgleichende Gerechtigkeit! Die Mädels hatten immer Typen, die älter waren als sie, und wir gleichaltrigen Jungs hatten das Nachsehen. Irgendwann wendet sich eben das Blatt.«

»Ob ich vielleicht wirklich einsam alt und grau werde? Kann ja sein …«, überlege ich am nächsten Tag auf Hummels Terrasse bei Kaffee und Kuchen.

»So ein Quatsch«, findet Hummel und steckt sich noch ein Stück Erdbeerkuchen in den Mund, »es gibt sogar eine extra Kategorie beim Porno für dich, meine Liebe«, und während ich noch denke: *sag es nicht*, sagt er es: »MILF!«

Mother I'd Like to Fuck. Als ob man extra darauf hinweisen müsste, dass es Mütter gibt, die noch was hermachen. Da weiß man ja aus dem Stand nicht, ob man sich darüber aufregen oder ob man sich bedanken soll, dass man überraschenderweise doch noch in Frage kommt.

»Und?«, sieht mich Hummel erwartungsvoll an, »Wie findest du den Kuchen?«

»Besser als deine Komplimente.«

Auf dem Heimweg versuche ich, mich daran zu erinnern, wann mich überhaupt das letzte Mal ein Typ angesprochen hat. So wie früher, auf der Straße oder beim Ausgehen oder sonstwo, und zwar ernsthaft und nicht als Teil einer besoffenen Junggesellenabschied-Horde. Es fällt mir aber partout nichts ein.

Und manchmal ist es ja so, als ob das Leben sich ins Fäustchen lacht und sich denkt: Warte, da geht noch was, denn just am Tag darauf, auf dem Weg zum Supermarkt, passiert genau das: Es spricht mich ein Mann an! Er ist alleine unterwegs, nett, höflich und nicht besoffen – und er ist definitiv über achtzig. Ich bin so perplex, dass ich kein Wort rausbringe, kaufe aber im Supermarkt reflexartig eine Gesichtsmaske mit straffender Wirkung.

»Das darf doch nicht wahr sein«, beschwere ich mich an dem Abend bei Jana und Anne im Café Einstein, »was ist nur passiert in der Zeit, als ich weg war?«

Jana beruhigt mich: »Es liegt nicht an dir, es hat sich nur verändert. Man lernt sich nicht mehr beim Ausgehen kennen, das geht inzwischen eben meistens über Social Media, es hat sich also nur ... verlagert.«

»Tinder?«, frage ich, und Jana zuckt mit den Schultern: »Zum Beispiel!«

Ich sehe deprimiert in mein Glas.

»Willst du denn überhaupt schon jemanden kennenlernen?«, fragt Anne, und ich muss ehrlich zugeben: »Nein. Aber mein Ego will, dass mich jemand kennenlernen will.«

Und später im Bett füge ich noch hinzu: *und knutschen. Knutschen würde ich auch gerne.*

Eine Bekannte aus Studienzeiten, Tatjana, würde auch gerne knutschen. Sie würde sich außerdem gerne verlieben und mit dem Mann ihrer Träume gemeinsam auf dem Sofa Filme gucken, zusammen in den Urlaub fahren, sich Kinder oder zumindest einen Golden Retriever zulegen, zusammenwohnen und andere Pärchen zum gemeinsamen Kochen einladen – kurz, sie wäre gerne in einer Pärchenkonstellation. Das weiß ich zufällig ganz genau, sie hat es mir nämlich an einem launigen Biergartenabend verraten. Tatjana ist aber nun mal in einer Singlekonstellation, und so wenig erbaulich das für sie ist: Manchmal ist es eben so. Es läuft einfach nicht immer so, wie man sich das vorstellt, und man kann damit unzufrieden sein und das auch scheiße finden, versuchen etwas dagegen zu tun, und im Idealfall ändert sich das irgendwann.

Tatjana ist es aber unangenehm, diesen Wunsch zuzugeben, vor anderen, aber auch vor sich selbst (außer nach zwei Starkbier im Biergarten).

»Und dann fragen auch noch permanent irgendwelche Leute, warum ich Single bin. Was soll ich da sagen? *Herrgott noch eins, weil ich scheiße bin?*« Tatjana hat es auch mit einer humorvollen Antwort versucht á la »Ich bin einfach überqualifiziert!«. Aber eigentlich würde sie als Antwort am liebsten zuschlagen oder losheulen, und beides ist sozial schwer verträglich. Ihr Beziehungsstatus geht ihr so etwas von überhaupt nicht am Arsch vorbei, dass es eine wahre Pracht ist. Sie leidet darunter, keinen Partner zu haben – findet das aber komplett nicht in Ordnung.

Sie versucht also, sich den Rat von diversen Frauenmagazinen zu Herzen zu nehmen, der da lautet: Gehen Sie den Beziehungsstatus locker an! Und hat prompt permanent ein schlechtes Gewissen, weil sie es nicht hinkriegt.

»Ich muss mich da einfach lockermachen! Entspannt sein! Das Single-Leben genießen! Ich muss mit mir selbst zufrieden sein, sonst bin ich zu verkrampft, und dann wird das nie was!« Und keine paar Sätze weiter sind wir schon beim Schweigekloster und was den Leuten noch so einfällt, wenn sie sich auf sich selbst besinnen wollen.

Als ich bei »Schweigekloster« eine Augenbraue hochziehe, deutet sie mit dem Finger auf mich: »DU propagierst doch immer ›Am Arsch vorbei‹. Aber so einfach ist das nicht! Ich versuche es ja schon die ganze Zeit, aber wie soll ich mir denn am Arsch vorbei gehen lassen, DASS ICH ANSCHEINEND FÜR IMMER ALLEINE BLEIBE, WÄHREND DIE GRÖSSTEN IDIOTEN UM MICH HERUM ALLE EINEN DECKEL FINDEN?« Einige der Idioten um uns herum drehen interessiert die Köpfe.

Aber da gibt es ein Missverständnis – und zwar außer der Tatsache, dass Tatjana kein Topf ist. Es heißt gar nicht »Beziehungsstatus« am Arsch vorbei. Es heißt »sollen« am Arsch vorbei.

»Wenn es dir wichtig ist, jemanden an deiner Seite zu haben, dann ist es doch ein total unrealistischer Anspruch, das locker zu nehmen. Das ist verkrampft und hat nichts mit deinen Bedürfnissen und Wünschen zu tun«, finde ich, »es ist doch völlig legitim, ein Bedürfnis nach einer Beziehung zu haben.«

Tatjana runzelt die Stirn. »Aber es ist so uncool ... und so unattraktiv. Und so un... alles Mögliche. Ich muss doch da irgendwie das Beste draus machen!«

»Das mag schon sein«, zucke ich mit den Schultern, »aber wir sind halt nicht alle, immer, in jedem Aspekt unseres Lebens total cool. Manchmal läuft es kacke.«

Und dann bestellen wir noch ein Starkbier. Manchmal ist dieses »Beste«, das man machen kann, eben Noch-ein-Starkbier-bestellen, und das ist eine bittere Einsicht. Warum auch immer, hat sich in unserem Hirn eine komische Idee festgesetzt, nämlich:

Es nicht okay, wenn irgendwas im eigenen Leben nicht läuft.

Und die darauffolgende komische Idee ist:

Wenn man das, was gerade nicht gut läuft, nicht ändern kann, dann darf man sich zumindest nicht drüber ärgern, sondern muss an seiner Einstellung arbeiten.

Muss man aber gar nicht. Und wenn man gerade, aus welchen Gründen auch immer, ein Scheißleben hat und darüber unglücklich ist, dann ist man nicht depressiv oder krank und muss zum Therapeuten – sondern dann ist man ganz normal. Beziehungsweise, es wäre doch völlig schräg, wenn man damit NICHT unglücklich wäre (und dann sollte man wirklich zum Therapeuten).

Es ist völlig in Ordnung, mit einem Aspekt des Lebens unzufrieden zu sein und als einzige Maßnahme noch ein Starkbier zu bestellen, weil man gerade sonst einfach nichts machen kann.

»Findest du nicht?«, frage ich Jana, mit der ich am Abend darauf in meiner Küche sitze und über diese Sache spreche. Jana nickt.

»Apropos *nichts* machen«, sagt Jana und schiebt sich noch etwas Käse in den Mund, »was ist eigentlich mit dem Vorhaben ›Knutschen‹? Ist das noch aktuell?«

»Hm.«

KRITERIEN

Das Vorhaben »Knutschen« hatte ich aus Mangel an Gelegenheit auf unbestimmte Zeit verschoben, »mir ist noch kein Kandidat dafür über den Weg gelaufen«, sage ich wahrheitsgemäß, woraufhin Jana sich noch ein Stück Käse nimmt und mich interessiert ansieht: »Was wären denn die Voraussetzungen für einen geeigneten Kandidaten?«, und da haben wir schon das erste Problem. Sobald mir irgendein Merkmal in den Sinn kommt (Er sollte größer sein als ich!), fällt mir mindestens ein Mann ein, in den ich mich mal verliebt habe, obwohl er genau dieses Merkmal nicht erfüllte (Kosta, ging mir bis zur Schulter). Das ist auch der Grund, warum ich mich so vehement dagegen wehre, dass Jana mich bei Tinder anmeldet: Die Männer, die ich bis jetzt toll fand, haben allesamt durch ihre Art bestochen – nicht durch hohe Wangenknochen und ein starkes Kinn. Als ich L. kennengelernt habe, hatte der gerade einen wirklich fürchterlichen Neurodermitis-Schub und einen Haarschnitt, der seinen Stiernacken voll zur Geltung brachte. Aber nach den ersten paar Sätzen war ich hin und weg. Also hin und weg im Sinne von hellauf begeistert, nicht im Sinne von auf und davon.

Das ist so ein Fehler, der passiert einem, wenn man noch jung ist. Dann wiederholt man ihn beliebig oft, aber irgendwann sickert es doch durch: Wangenknochen sind egal, wichtig ist irgendwas anderes, das man gar nicht näher benennen kann. Etwas Magisches, vielleicht auch Chemisches, auf jeden Fall etwas ganz entscheidend Zauberhaftes. Wenn das passt, wird der andere zum attraktivsten Menschen der Welt. Das geht praktisch ganz automatisch – und die Kriterien, die man sich zuvor alle so ausgedacht hat (er sollte ...), sind nicht mehr relevant.

Lustig: Der Gründer einer bekannten Partnervermittlung im Internet hat sich deswegen aus seinem Job zurückgezogen. Er hatte während seiner beruflichen Laufbahn auf der Suche nach den perfekten Testfragen in Liebesdingen herausgefunden, dass diese eigentlich komplett nutzlos sind. Natürlich kann man den Vorlieben und Abneigungen entsprechend Kreuzchen machen – aber: Wenn Sie jetzt zum Beispiel auf der Suche nach einem Partner sind und Sie mögen keine Raucher und kein Brusthaar, und rote Haare sind Ihnen ein Graus ... Also Kandidaten, auf die das zutrifft, kann man dann zwar herausfiltern, aber wenn Ihnen im echten Leben ein wahnsinnig charmanter, witziger Mann über den Weg läuft, in den Sie sich Hals über Kopf verknallen, dann werfen Sie doch auch all die Kriterien über Bord und sich selbst an dessen rotbehaarte Brust? Im Gegenzug kenne ich jede Menge Frauen, die wochenlang online mit einem Mann geschrieben haben, ihn perfekt fanden, knallverliebt zum ersten Date gingen und dann innerhalb von einer Sekunde wussten, dass es der aber schon mal auf gar keinen Fall wird.

»Aber haben denn deine Exfreunde nicht irgendetwas gemeinsam? Gibt es da einen gemeinsamen Nenner, wie er sein oder aussehen sollte?«, fragt Jana, und ich muss lange überlegen.

»Er sollte ... nett sein«, ist das Einzige, was mir einfällt. Jana hat es auch nicht immer leicht mit mir.

Eigentlich ist »nett« kein besonders schwierig zu erfüllendes Auswahlkriterium, der Hund der Nachbarn ist zum Beispiel *nett*. Ebenso wie der Kassierer in meinem Supermarkt, die gesamte Handballmannschaft von L. und sogar der Vermieter. Für einen romantischen Abend kommen sie trotzdem nicht in Frage, denn keiner der Genannten versprüht auch nur einen Hauch von diesem magischen Zeug, das es braucht für Romantik.

»Aber wenn es nicht ums Aussehen geht«, setzen wir das Gespräch am nächsten Tag im Supermarkt fort, »und auch nicht um irgendwelche anderen Kriterien, nach was geht es eigentlich dann?«

Und so genau weiß ich das auch nicht. »Den Gesamteindruck?«, versuche ich es und deute mit einem Blick auf einen Typen vor dem Obstregal. »Der sieht zum Beispiel sympathisch aus, der könnte ganz reizend sein.«

Jana mustert den ahnungslosen Obstmann prüfend. »Na dann«, zuckt sie mit den Achseln, was so viel heißt wie *keine Ahnung, was du an dem findest*, »dann mal ran!«.

»Wie ›*dann-mal-ran*‹ ...?«, sehe ich sie ratlos an. »Was soll ich denn jetzt machen? Mich unauffällig in seinen Einkaufswagen legen oder was?«

Und Jana sieht so aus, als überlege sie, ob das eventuell eine Option wäre. Überraschung: Ich hab' mich nicht zwischen die H-Milch und die Bananen in seinen Einkaufswagen gelegt. Ich bin ja nicht bescheuert. Ich bin stattdessen mit einer nörgelnden

Jana und meinem Einkauf wieder aus dem Supermarkt rausmarschiert. Vielleicht hat sie einfach recht: Es ist nicht mehr so leicht wie früher.

Das tägliche Leben mit dem Kind, der Schule, dem Job und dem kaputten Drucker läuft außerdem derweilen problemlos und wie gewohnt weiter: Das Kind ist froh, die Schule schreibt keine Briefe, der Job fordert Aufmerksamkeit und der kaputte Drucker tut, was er sonst auch tut: nicht drucken. Alles dufte soweit. Nur manchmal ziehen dunkle Wolken auf. Als zum Beispiel meine Freundin Lotta für eine komplizierte Operation ins Krankenhaus muss, ist es ihr Mann, der vor, während und nach der Operation bei ihr ist, ihr gut zuredet, Schokolade und Burger ins Krankenzimmer bringt, ihr bei den ersten Schritten im Krankenhausflur hilft und sie schließlich zuhause versorgt, während sie zwischen Bett und Sofa hin- und herpendelt. Er ist für sie »zuständig«.

Und so sehr ich mir auch einrede, dass ein Netzwerk an Freunden, L. eingerechnet, mir denselben Bärendienst erbringen würde: Niemand ist in einem ähnlichen Maß bedingungslos »zuständig« wie dein Mann oder deine Frau. Wie wird das, wenn niemand für mich »zuständig« ist? Beziehungsweise, wenn ich zwar auf die Hilfe von meinen Lieben zählen kann, aber mit schlechtem Gewissen und hilfloser Dankbarkeit bis unter die Haarwurzeln? Ich beruhige mich damit, dass bis jetzt noch alles bombig funktioniert (toi, toi, toi) und mit dem Gedanken, dass *sich-schon-mal-vorab-über-irgendetwas-zu-sorgen-das-noch-nicht-mal-eingetreten-ist-und-eventuell-auch-nie-eintreten-wird* selten eine gute Strategie ist.

SICH-SCHON-MAL-VORAB-ÜBER-IRGENDETWAS-SORGEN-DAS-NOCH-NICHT-MAL-EINGETRETEN-IST-UND-EVENTUELL-AUCH-NIE-EINTRETEN-WIRD:

Das ist so eine Art Superkraft, aber eine von den doofen. Ganz schlimm wird es, wenn man obendrauf noch dazu neigt, stets die Löcher im Käse zu sehen. Voilá, c'est moi. Geerbt habe ich dieses wahnsinnig bescheuerte Talent von meiner Mutter, die ist unangefochtene Meisterin auf diesem Gebiet.

Wenn alles eingetroffen wäre, was meine Mutter je befürchtet hat, dann wären alle Menschen, die sie gernhat, auf so viele verschiedene Arten abgelebt, da können Horrorfilmregisseure nur von träumen. Überflüssig zu erwähnen, dass meine Ankündigung vor Jahren, ich würde ein Kind bekommen, diese Fähigkeit in ganz neue Dimensionen befördert hat. Versicherungsvertreter lieben Leute wie meine Mutter. Und obwohl mir diese herzigen Eigenschaften bei der Mutter seit jeher das Leben (und den Motorradführerschein) erschwert haben, hat mein Hinterhirn trotzdem und ohne das irgendwie mit dem Bewusstsein abzustimmen, beide Eigenschaften ins Programm übernommen. In abgeschwächter Form zwar, aber deutlich vorhanden. Für mein Umfeld bin ich mit diesen zweifelhaften Fähigkeiten insofern nützlich, weil ich Vorhaben aller Art mit allem torpediere, was mir so einfällt:

»Ich habe eine super Idee! Ich mache ein Steakhouse auf!«
»Du kannst doch gar nicht kochen.«
»Ich engagiere einen Koch!«

»Wie viel muss der Laden denn abschmeißen, damit du dir eine Kochcrew leisten kannst?«

»Na ja ...«

»Die meisten Restaurants machen nach drei bis vier Jahren pleite.«

»...«

Ich bin in Vorhaben aller Art die härteste Tür, die es gibt. Ich verwandle Euphorie in unter zehn Sekunden in miese Stimmung – gäbe es den Beruf der Demotivations-Trainerin, ich wäre ganz dick im Geschäft. Dabei bringe ich nicht nur vernünftige Argumente wie in dem Dialog oben, sondern produziere auch völlig haltlose, tiefschwarze Prophezeiungen:

»Ich habe eine super Idee! Ich mache ein Steakhouse auf! Ich bin ausgebildete Köchin, habe mein Leben lang in der Gastronomie gearbeitet, die ideale Location, ein super Konzept, den perfekten Businessplan und Geld in Massen!«

»Steakhouse ist so 80er ...«

»Und vegane Gerichte biete ich auch an!«

»Ich weiß nicht ... dann kommen die einen wegen den anderen nicht. Ich bin nicht überzeugt.«

Ich bin nie überzeugt. Es sei denn, die Idee ist so absurd, dass ich mir denke: Das ist so verrückt, das muss funktionieren!

»Ich habe eine super Idee! Ich mache eine Alpaka-Vermietung auf!«

»Klingt großartig!«

Also dieses komplette Unvermögen, Situationen und Wahrscheinlichkeiten objektiv einzuschätzen, ist nun gepaart mit einer großen Fantasie und einem Hang zu Katastrophen – und das, man ahnt es, ist eine behämmerte Kombi. Normalerweise und weil ich das schon kenne, habe ich auch kein Problem damit – und mein Umfeld auch nicht.

»Was hat Alex zu deiner Idee gesagt?«, heißt es da zum Beispiel.

»Sie war begeistert!«

»Dann sollten wir das nochmal überdenken.«

Ich bin auch eine Hilfe, nur anders.

Es gibt Katastrophen-Szenarien, die situationsbedingt und spontan auftauchen. Wenn zum Beispiel das Kind freudestrahlend auf dem geparkten Motorrad eines Freundes sitzt und »Brmmm-brmmmm« macht, dann kann ich in unter drei Sekunden eine dramatische Szene mit einem Motorrad, einem Baum und einem Notarzt improvisieren, in der mich der Notarzt traurig ansieht und den Kopf schüttelt. Wenn ich dem nachgebe, kann ich aus dem Stand in Tränen ausbrechen, das ist mir ein Leichtes. Nachdem ich aber solche selbst gemachten Dramen schon kenne und nicht die geringste Lust auf sie habe, wische ich sie geübt zur Seite.

Es gibt aber auch diffusere Gedanken, die immer wiederkehren, *Das schaffst du nie* zum Beispiel oder *Was bist DU denn für eine Mutter.* Und seit neuestem eben auch: *Das Kind wird irgendwann ausziehen, und du wirst für immer alleine bleiben und einsam alt werden.* Wenn man solchen Gedanken nachhängt, kann einem das echt die Stimmung verhageln, und hast du nicht gesehen, ist man schlecht gelaunt, bekommt Falten auf der Stirn und das alles wegen – nichts! Und wenn man erst mal mies gelaunt ist, weiß man nach einiger Zeit nicht mal mehr warum.

Für alle, denen es ähnlich geht: Es gibt da einen Trick. Wann immer so eine Wolke am geistigen Horizont aufzieht, stelle man sich die Frage: *Wer (zum Teufel) hat dir das gesagt?* Und wenn die

Antwort ist: Mein eigenes, behämmertes Hinterhirn – dann klopfe man sich dank dieser Einsicht selbst auf die Schulter und beschäftige sich flugs mit etwas anderem, frei nach dem Prinzip der Ameisenfrage (siehe Seite 164). Es ist nämlich nach aktuellem Stand der zuständigen Experten überhaupt nicht nötig, dem Ganzen auf den Grund zu gehen, also sich in die Untiefen des *Warum-denke-ich-so-einen-Mist* zu vertiefen – denn das Verstehen des *Warum* ändert an dem Gefühl rein gar nichts. Abgesehen davon: Die meisten Menschen denken den gleichen oder ganz ähnlichen Mist.

Im Fall von *Das-Kind-wird-irgendwann-ausziehen-und-du-wirst-für-immer-alleine-bleiben-und-einsam-alt-werden* setze ich sogar noch eins drauf und bringe etwas gute Stimmung in den Gefühlshaushalt. Wie das geht? Ich halte einfach mit etwas Positivem dagegen. Ich habe Ihnen doch von dieser zauberhaften Stimmung erzählt, die ein Neuanfang so vorausschickt? Dieses verheißungsvolle Gefühl, das immer mal wieder auf meiner Terrasse vorbeigekommen ist? An das erinnere ich mich, lasse es sich breitmachen, und schon habe ich ein Lächeln auf dem Gesicht. Bestimmt kennen Sie dieses Gefühl – es ist das gleiche wie das *Sommer-des-Lebens-Gefühl*. Der Sommer des Lebens ist der Sommer, in dem man das erste Mal mit einer Freundin losfährt und sich treiben lässt, durch unbekannte Städte läuft oder wild am Strand übernachtet, morgens noch nicht weiß, wo man abends sein wird, und in dem ein Baguette und eine Flasche Wein ein vollwertiges Abendessen darstellen. Und eventuell teilt man dieses Abendessen mit Leuten, die auch den Sommer ihres Lebens haben und die man unterwegs trifft und mit denen man die ganze Nacht Musik hört und allen gemeinsam ist dieses unendlich schöne Gefühl des Aufbruchs, eine Art Wissen, dass alles noch vor einem liegt und auf einen wartet.

Und auch wenn dieser Sommer lange her ist – und auch wenn der Sommer Ihres Lebens ganz anders aussah –, kann man sich dieses Gefühl wieder hervorholen und die dunklen Wolken damit vertreiben. Sie finden, das ist eine Art Selbstbetrug und nicht echt? Stimmt! Aber die schwarzen Prophezeiungen meines Hirns sind auch ein Selbstbetrug und nicht echt. Mein Hirn bescheißt, ich bescheiße.

Und dann lerne ich diesen Mann kennen. Ganz ordinär, bei Facebook, dort ist er der Bekannte eines Bekannten. Beziehungsweise lerne ich ihn nicht kennen, sondern bin so freundlich und beantworte eine Frage, die er hat. Und zwar nicht eine Frage zu meiner Person, sondern es geht um meinen ehemaligen Wohnort, Barcelona, wo er sich nach einer Wohnung umsieht. Man hilft ja, wo man kann. Außerdem beinhaltet seine Frage keine zwinkernden Emojis, keine komischen Fotos oder Herzbärchen-GIFs, und er fängt nicht an mit »Hallo Hübsche …«.

Ich beantworte übrigens soweit es geht immer alle Fragen, die eben Genanntes nicht beinhalten, ich bin nämlich nett (und obendrein eine alte Schlaumeierin, die sich freut, wenn sie etwas weiß, das jemand anders nicht weiß). Der Mann hat sich bedankt – und sich irgendwann wieder gemeldet. Und dann geht es um Berufliches und wieder um Barcelona, er ist nett ohne sich aufzudrängen, und ich sehe mir das erste Mal auf einem Profilfoto an, wie der überhaupt aussieht und OHGOTT, ER TRÄGT EINEN HARD-ROCK-CAFÉ-KAPUZENPULLI!

Ansonsten sieht er sympathisch aus.

Und so tröpfeln über die Tage und Wochen immer mal wieder Nachrichten hin und her, bis es zu einer lieben Gewohnheit wird, und je sicherer ich mir bin, dass es sich bei dem Mann nicht um einen durchgeknallten Messer-Stalker handelt, dass er Humor hat und nicht aufdringlich wird, desto leichter und lustiger wird diese Konversation, und fast unbemerkt klopfen wir dabei auch die Eckdaten ab:

- Alter,
- Größe,
- Beziehungsstatus,
- Wohnort,
- Beruf.

Während das so nebenbei passiert, ist Jana derweilen voll in ihrem Element und sieht sich so engagiert nach möglichen Dates für mich um, wie ich sie das letzte Mal während ihrer Wohnungssuche erlebt habe.

»Kannst du dich an Robert erinnern? Der mit mir studiert hat?«, fängt sie zum Beispiel an.

»Der langweilige Robert?«

»Sooo langweilig ist der gar nicht! Außerdem ist er in der Stadt, und er hat nach dir gefragt ... Vielleicht magst du dich mit ihm auf ein Glas treffen?«

»Du hast mich angepriesen wie Sauerbier, oder?«

Jana schüttelt den Kopf, »iwo«.

Und dann ist das so ein Moment, wo man kurz alle Bedenken und Vernunft mit einem »Ach Wurst, ich mach das jetzt einfach!« davonfegt und am Abend darauf klingelt Robert an meiner Tür.

Ein waghalsiges »Ach Wurst, ich mach das jetzt einfach!« kann ja auch zu Situationen führen, die sich als überaus erfreulich erweisen. In der konkreten Robert-Situation führt es dazu, dass besagter Robert an meinem Küchentisch sitzt, ich versuche, ein nettes, unbeschwertes Gespräch in Gang zu bringen, während er an seinem mitgebrachten Wein nippt, kurz die Augen schließt, nickt und sagt: »Ja, der kann was.«

Es dauert einen Moment, bis ich begreife, dass er den Wein meint. Was sagt man denn auf sowas?

»Kennst du den?«, frage ich auch prompt das Erste, was mir dann dazu einfällt und zitiere einen Tweet, den ich kurz vorher gelesen habe:[5]

> *»Dieser Wein schmeckt nach Waldboden,*
> *Eicheln und einem Hauch von Trüffel.«*
> *»Ja dann schütt ihn halt weg!«*

Überraschung: Findet Robert nicht lustig. Und so sehr ich irgendwo im Verborgenen auch die Idee hatte, das mit dem Knutschen ebenfalls *jetzt einfach mal zu machen*, so klar wird in diesem Moment: Auf keinen Fall wird dies mit Robert geschehen. Was hab' ich mir nur dabei gedacht? Ach ja, NICHTS! fällt mir wieder ein und ich sehe zu, dass ich Robert wieder loswerde.

Sehr zum Leidwesen von Jana liefere ich schon wieder keine aufregende Geschichte voller pikanter Details. Generell fällt mir auf: auch zum Leidwesen aller anderen Leute. Vornehmlich Freundinnen, die schon lange in einer Beziehung sind, haben größtes Interesse daran, wie sich mein Liebesleben so macht, und vielleicht erhoffen sie sich von mir den Thrill, der in ihrem Leben etwas zu kurz kommt. Aber da haben sie sich geschnitten, kein Thrill weit und breit.

---

5   Micha (@Gedankenfetzen), 10. Juli, 2017

»Vielleicht bin ich auch einfach zu doof zum Flirten«, vermute ich bei einem Besuch in Hummels Beautysalon, während der an meinen kaputten Haarspitzen herumschneidet.

»Das kann ich mir nicht vorstellen«, wehrt Hummel ab, »ich hab' dich schon flirten gesehen und du warst großartig!«

»Ich war betrunken«, erinnere ich mich ungern an diesen Abend, an dem wir in irgendeinem Pub versumpft sind und ich ihm (und mir) beweisen wollte, dass ich es noch draufhabe.

»Dieser Augenaufschlag! Ich wünschte, er wäre mein …«, sinniert Hummel.

Aber ich bin eben vielleicht doch zu doof – und dann erzähle ich Hummel vom letzten Samstagabend, an dem ich mit Lotta tanzen war. »Und während wir tanzen, merke ich, dass so ein Typ immer näherkommt, und schließlich tanzen wir zusammen, und es hat total Spaß gemacht …«

Erfreut hebt Hummel den Blick und sieht mich im Spiegel an: »Ja?«

»Also der Typ war Spanier«, fahre ich fort (das ist übrigens keine große Überraschung, ich wohne nämlich in Spanien und Spanien ist praktisch voll von Spaniern).[6]

»Er war also nur einen Meter sechzig groß?«, witzelt Hummel, und ich sehe ihn strafend an.

»Nein, er war größer als ich und sah nett aus und er konnte gut tanzen«, zähle ich auf, und Hummel macht dieses *Jetzt-rück-schon-raus-damit-Gesicht*.

---

[6] Falls sich irgendjemand wundern sollte, dass wir uns in Spanien befinden und gleichzeitig wöchentlich in einem ›Café Einstein‹ treffen: Das Café befindet sich ebenfalls in Spanien und hat einen spanischen Namen, aber der Einfachheit halber nenne ich es Café Einstein.

»Na ja, also wir hatten wirklich Spaß, und irgendwann beugt er sich zu mir und sagt ...«

»Ja? Herrgott jetzt mach es halt nicht so spannend«, Hummel hält meine Haarsträhne immer noch zwischen Zeige- und Mittelfinger und die Schere in der Luft.

»Er sagt *me caigo*!«, und Hummel grinst. *Me caigo*, das weiß ich jetzt auch, heißt nicht nur wörtlich übersetzt »ich falle«, sondern wird benutzt wie im englischen »I'm falling« und meint: I'm falling (in Love with you) oder »ich verfalle dir«.

»Aber ich habe nun mal noch nie auf Spanisch geflirtet«, schiebe ich hinterher und Hummel sieht mich neugierig an.

»Und dann?«

»Und dann dachte ich mir nur *Oh mein Gott, wo fällt er denn hin!* und hab ihn erschrocken am Unterarm gepackt!«

Einen Moment sieht mich Hummel erstarrt an, dann bricht er in schallendes Gelächter aus, »herrlich!«.

Aber so herrlich finde ich das gar nicht, ich komme mir vor wie der doofste Mensch auf dem Planeten.

»Und was ist dann passiert?«, fragt Hummel und fängt wieder an, kaputte Spitzen zu schneiden.

»Dann haben wir uns völlig irritiert angesehen, und ich bin gegangen.«

»Ach Alex«, seufzt Hummel und grinst immer noch, »das ist doch kein Drama. Apropos Drama: Stimmt es, dass L. heiratet?«

Ja, das stimmt.

DIE HOCHZEIT DES EX

»Hi! Na, wie war dein Tag?«, meldet sich dieser nette Mann wieder, mit dem ich auf Facebook plausche.

»Ganz ok. Ich war auf der Hochzeit von meinem Ex-Mann und ich bin nicht annähernd so betrunken, wie ich dachte, sein zu müssen.«

Und das stimmt tatsächlich.

Als L. mir eröffnete, er werde heiraten, waren mir zunächst kurzzeitig die Gesichtszüge entglitten – und das Erste, was mir nach einer kurzen Schockstarre einfiel war: »Warum?«

Ich halte es L. im Nachhinein zugute, dass er in diesem Moment einer Eingebung folgend nicht das Offensichtliche sagte, nämlich dass er bis über die Hutschnur verliebt sei und mit dieser neuen Liebe bis ans Ende seines Lebens zusammenbleiben möchte. Er sagte auch sonst nichts Romantisches, sondern erging sich über Organisatorisches und die Erleichterung darüber, dass »es« jetzt raus war, ließ die Worte nur so sprudeln. Die potenzielle Braut hatte ich bereits kennengelernt und was soll ich sagen – sie ist reizend.

APROPOS: DIE NEUE

Ähnlich problematisch wie »die Neue« ist eigentlich nur »die Ex«, insofern ist die Beziehung zwischen diesen beiden Parteien eine echte Herausforderung. Wie diese Beziehung Neue-Ex genau aussieht, wird nach dem offiziellen Eskalationslevel gemessen:

Level 1: Krieg, offen
Level 2: Krieg, verdeckt
Level 3: Ignorieren
Level 4: Nett tun
Level 5: Nett sein
Level 6: Freundschaftliches Verhältnis
Level 7: Beste Freundinnen werden und sich über den zugehörigen Mann auslassen, also *sich beschweren* (die Neue) beziehungsweise *Tipps zum Umgang geben* (die Ex).

Todeslevel: Das Vortäuschen von Level 7, um Munition zu haben, weil man sich tatsächlich auf Level 2 befindet.

Meistens pendelt sich das aber doch irgendwo zwischen 3 und 6 ein, je nachdem, mit was man da so konfrontiert wird. Egal, auf welchem Level man einsteigt, man klickt sich im Vorfeld durch alle Fotos, die man im Internet von der anderen finden kann. Das ist völlig legitim und lediglich Recherche, lassen Sie sich da nichts anderes einreden. Eine Ausnahme bilden Männer, die in der Regel nichts von der Problematik verstehen und einen beneidenswerten Pragmatismus an den Tag legen, was ihre Vorgänger oder Nachfolger so betrifft.

»Und, wie findest du meinen Ex?«
»Nett.«

»Und: Willst du irgendwas über ihn wissen?«

»Warum?«

»Na ja so halt. Hast du nicht mal heimlich alle Fotos angeguckt, die man im Internet von ihm finden kann?«

»Hä? Nein ... wieso?«

»Wie, wieso?«

Die Prädikate »Die Neue« und »Die Ex«, wenn Ihnen das auch schon aufgefallen ist, kollidieren übrigens so gut wie nie mit Freundinnen aus dem engen Freundeskreis. Das hat den einfachen Grund, dass sich Frauen unbewusst im Großen und Ganzen an das Gesetz halten, dass Ex-Partner von Freundinnen nie, nie, nie potenzielle neue Partner sind. Selbst wenn sie sagt, das sei schon ok. Ist es nicht.

Generell macht die Beziehung zwischen Ex und »der Neuen« eine Evolution durch, während der sich das Kräfteverhältnis im Lauf der Zeit verschiebt:

Während zu Beginn die Ex, sozusagen als alter Hase in Sachen Beziehung, die Kompetenz-Oberhand hat, wandert selbige mit zunehmender Zeit mit der Neuen in deren Hoheitsgebiet über. Das ist dann auch der Zeitpunkt, in der die Bezeichnung »Die Neue« irgendwann abfällt. Es ist also ganz normal, dass man sich als die Neue etwas unsicherer fühlt als in der Rolle der Ex. Als ich damals frisch verliebt die Ex von L. kennengelernt habe, war ich eifersüchtig auf die Vertrautheit der beiden und – und die hatten schließlich mal was miteinander! Und wie gut die aussieht! Und nett ist sie auch noch! Das hat sich mit der Zeit gelegt. Also sie ist immer noch nett und sieht gut aus – Sie wissen schon, was ich meine.

Die Neue von L. ist nun in der gleichen Situation wie ich damals, allerdings etwas verschärft: Die Ex (also ich) war 15 Jahre mit

L. zusammen, wir haben ein gemeinsames Kind, gemeinsame Freunde, die Familien sind miteinander bekannt und verflochten, wir haben über Jahre zusammengearbeitet, und wir können uns immer noch gut leiden. Wir haben ein gemeinsames Auto, ich bin in seiner privaten Krankenversicherung mitversichert, sogar mein blöder Telefonvertrag läuft über L., dafür kommt L.'s Post bei mir zuhause an. Wir sehen uns oft, ich helfe hin und wieder in der Bar aus – kurz: Wer mit L. zusammen ist, bekommt das Kind und meine Wenigkeit im Pack gleich gratis mit dazu. Ich würde mich hassen, wäre ich die Neue.

Ich wiederum befürchte, dass L., dessen Familie und Freunde die Neue sofort gegen mich eintauschen, dass das Kind die Neue abgöttisch liebt, dass sie eine neue Familie gründen und – *und ich werde für immer alleine bleiben und einsam alt werden.*

Oh Mann, das schon wieder.

Dieses ganze Kuddelmuddel an Gefühlen, Voreinstellungen, ein verletztes Ego (meins) und dubiose Befürchtungen können zu etwas ganz Unschönem führen. Nämlich zum Todeslevel.

Die Neue am Arsch vorbei trifft es insofern nicht genau. Aber *das Kuddelmuddel an Gefühlen, Voreinstellungen, das verletzte Ego (meins) und dubiose Befürchtungen* – die alle am Arsch vorbei. Es geht schließlich nur um die Frage: Will ich, dass wir uns alle (auch, aber nicht nur zum Wohl des Kindes) gut verstehen?

Oder will ich, dass wir so tun als ob, während es in mir gärt? Mit was ginge es mir (uns allen) besser? Ganz klar, oder?

Meine Lieben sind in dieser Hinsicht nur eine bedingte Hilfe – aus einer gut gemeinten Solidarität heraus und weil sie mich in Schutz nehmen und das auch zeigen wollen, diskreditieren sie die Neue verbal, wo sich nur Gelegenheit bietet. Egal, um welche Information es sich handelt, alles bietet Angriffsfläche:

- Sie ist Veganerin (Pff ... da wird L. sich aber umschauen, der liebt doch Fleisch).
- Sie hat keinen festen Job (die will L. ans Geld).
- Sie ist aus der Karibik (oder Papiere!).
- ...

Selbst wenn ich gesagt hätte, sie ist die direkte Reinkarnation von Mutter Theresa, meine Lieben hätten ihr daraus einen krankhaften Helferkomplex gedreht. Man kann schließlich jeden Fakt so oder *so* interpretieren – aber sie tun mir damit keinen Gefallen, auch wenn es nett gemeint ist.

»Wir sollen sie also mögen?«

»Ja. Aber nicht mehr als mich!«, denn so heilig bin ich dann auch wieder nicht. Wir erwarten also alle unser erstes Aufeinanderprallen mit Spannung – und dann passiert es ganz unspektakulär und nebenbei. In der Bar von L.

Wir sitzen draußen auf der Terrasse bei einem letzten Glas, es ist warm und die Stimmung entspannt, und ich sehe eine Frau mit einem Jutebeutel auf uns zukommen. Eine hübsche Frau, mit strubbeligen Haaren und Sandalen, der Jutebeutel ist meiner.

Ein nicht mehr ganz so entspannter L. springt auf, geleitet sie zu unserem Tisch und stellt uns vor, und was soll ich sagen: Sie hat mich in dem Moment, als ich merke, wie entsetzlich aufgeregt sie ist. Wie kann man das nicht sympathisch finden?

Trotzdem und immer wieder ploppen trotz bestem Willen Gedanken auf, die eindeutig *so* gefärbt sind:

L.: »Sie will jetzt einen Kochkurs machen.«

Gedanke: *Vermutlich, um die Bar an sich zu reißen.*

Spoiler: Die beiden betreiben die Bar tatsächlich inzwischen gemeinsam, es macht ihnen Spaß, und wann immer ich dort auftauche, bin ich herzlich willkommen. Nimm das, Hiob! Damit diese Gedanken, die stets negativ unken, nicht mehr aufploppen, habe ich mir eine ganz wunderbare Strategie zurechtgelegt, die Sie gerne mitbenutzen können. Also falls es irgendeine Person in Ihrem Leben gibt, mit der Sie sich gerne gut verstehen würden, und der sie gerne gut gesonnen sein möchten, aber Ihre Gefühlswelt legt Ihnen Steine in den Weg: Stellen Sie sich einfach bei allem, was diese Person sagt oder tut vor, genau das käme aus dem Mund Ihrer liebsten Freundin. Sie werden jede Aussage und jede Tat anders bewerten, nämlich nicht negativ, sondern positiv. Wenn ich mir vorstelle, Anne sagt:

»Ich bin jetzt Veganerin.«
… finde ich das super, denn das ist gesund und schont das Klima.

»Ich habe keinen festen Job.«
… dann täte mir das leid, und ich würde mit ihr überlegen, was zu tun ist.

»Ich bin aus der Karibik.«
… dann wäre ich zwar einigermaßen verdattert, fände das aber interessant und würde sie darüber ausfragen.

Verstehen Sie, was ich meine? Das Gute an dieser Strategie ist, dass sie nach einiger Zeit zum Selbstläufer wird.

Und wenn heute L. erzählt, dass seine Frau gerne in die Karibik fliegen möchte, um ihre Familie zu sehen, zischt nicht der Gedanke hervor: *Ach … keinen Job, aber in der Weltgeschichte herumfliegen geht!*, sondern: »*Klar … wie lange hat sie die denn nicht gesehen?*«

Vermutlich auch deswegen war die Hochzeit nicht annähernd so ein großes Ding, wie ich befürchtet hatte. Die Aufregung stieg zwar vor dem großen Event, aber mehr aus Sorge, ich könnte doch noch unvermittelt in Tränen ausbrechen, mich hemmungslos betrinken und danebenbenehmen oder etwas aus der Art, das man aus Filmen eben so kennt – dem Innenleben fallen ja mitunter überraschende Dinge ein. Dass ich mich aber sicher und stark fühlte, als ich beim Standesamt ankam, habe ich auch Anne zu verdanken, die kam nämlich ein paar Tage vor der Hochzeit zu mir nach Hause und war ganz aus dem Häuschen: »Alex, ich habe die perfekte Klamotte für dich für die Hochzeit gesehen!«

Nicht, dass mir die Kleidungsauswahl groß Kopfzerbrechen bereitet hätte – das Ganze war als völlig zwanglos angekündigt worden, und zwanglose Klamotten habe ich nun wahrlich genug –, aber wenn Anne so begeistert ist, dann muss das etwas Besonderes sein. Anne ist nämlich von schon wirklich vielen, auch äußerst merkwürdigen Dingen aus dem Häuschen gewesen, aber noch nie, nie, nie von Kleidung.

»Was ist es denn?«, frage ich denn auch, und Anne strahlt mich an: »Es ist ein Anzug mit lauter Mistkäfern drauf!« Na also, zwar eine Klamotte, aber wenigstens merkwürdig.

Als wir in dem Geschäft stehen, sehe ich ihn auch sofort: ein dunkelgrün schillernder Hosenanzug mit einem Muster, das man erst aus der Nähe erkennen kann: lauter Mistkäfer.

»Es sollen wohl Skarabäen sein, also Glückskäfer«, überlege ich laut, und Anne hebt den Zeigefinger: »Und was ist ein Skarabäus? Ein Mistkäfer!« Ich muss lachen.

Der Anzug sitzt jedenfalls perfekt, und als ich mich damit auf den Weg zum Standesamt mache, ist es, als hätte ich eine

Art Superhelden-Uniform an: Was soll einem mit einem Mistkäferanzug schon passieren? Weil ich nicht zu Tode betrübt bin, sondern soweit guter Dinge, weil eine wohlwollende und entspannte Stimmung herrscht, und weil sich alle Anwesenden gut kennen, ist es auch nicht Mitleid, das mir entgegenschlägt, sondern Lachen, der Anzug ist ein Augenzwinkern. Sogar die Ex-Schwiegermutter, emotional etwas aufgewühlt, sieht sich nach der Begrüßung den Stoff genauer an: »Was ist das? Sind das Mistkäfer?«, und dann lacht sie laut und lange.

Und obwohl es glücklicherweise keine mitleidigen Gesichter gibt, spüre ich trotzdem, wie hinter mir eine Wand der Fürsorge steht, nur vorsichtshalber, falls mir doch schwindlig wird. Ich kann sie spüren, wenn ich mich umsehe und mir L.'s Bruder zuzwinkert, wenn sich Jana und Anne fast unbemerkt stets in meiner Nähe aufhalten und mein lieber Freund Ole während der Zeremonie neben mir sitzt und sich mit einem Seitenblick immer mal wieder vergewissert, dass alles im grünen Bereich ist.

»Die Hochzeit war also eigentlich … ganz schön?«, resümiert der Mann, mit dem ich auf Facebook kommuniziere, und ja, eigentlich war sie tatsächlich ganz schön.

»Das freut mich«, fährt er fort und dann: »… sehen wir uns mal?«

DER MANN

Mit einem unbeschwerten *Warum eigentlich nicht*, angefeuert durch die gute Stimmung nach der Hochzeitssache, verabrede ich mich mit dem Mann in Barcelona – er ist sowieso dort und von mir zuhause ist es nicht weit. Ich freue mich drauf, das Wetter wird bombig, die Stadt ist toll, und wir werden jeder ein Zimmer im selben Hotel haben, also können wir 1A ausgehen!

Die Unbeschwertheit verfliegt, je näher das Treffen rückt.

»Dir geht die Düse«, stellt Jana fest, »also gefällt er dir!«

Ich winde mich. »Na ja. Er ist ... nett!«, und ich zeige Jana seine Profilseite.

»Sieht sympathisch aus«, nickt Jana und dann: »Ist das ein Hard-Rock-Café-Pulli?«

Die Düse, die mir geht, teilt sich übrigens in folgende Unterdüsen:

- Ich finde ihn vor Ort total toll, aber er mich nicht.
- Oder umgekehrt.
- Wir gehen uns gegenseitig auf die Nerven, und es wird unangenehm und peinlich.
- Er ist doch ein verrückter Messer-Stalker.

Ein klassischer Fall von *sich-schon-mal-vorab-über-irgendetwas-sorgen-das-noch-nicht-mal-eingetreten-ist-und-eventuell-auch-nie-eintreten-wird.*

Und dann treffen wir uns in Barcelona auf der Dachterrasse einer Bar, und es passiert dieses chemische, zauberhafte Ding, von dem man nicht mal genau weiß, was es ist, und als wir im Morgengrauen zurück ins Hotel kommen und vor seinem Hotelzimmer stehen, das direkt neben meinem liegt, kommt wieder so ein Moment vorbei, wo man kurz alle Bedenken mit einem »Ach Wurst, ich mach das jetzt einfach!« davonfegt – und dieses Mal führt das tatsächlich zu einer Situation, die sich als überaus erfreulich erweist.

Die Bedenken übrigens, die in diesem Moment davongefegt werden müssen, sind zwei echte Klassiker. Bescheuert, dass das überhaupt passiert, aber anstatt sich einfach freudig von der

Stimmung des Augenblicks davon- und in das nächste Hotelzimmer tragen zu lassen, tauchen sie kurz auf:

Was trage ich eigentlich drunter?

Ein Gedankenblitz, der einem kommen kann, wenn man nicht damit gerechnet oder darauf hingearbeitet hat, dass es zu einer gemeinsamen Nacht kommt. (Inzwischen ist das, glaube ich, hinlänglich bekannt, aber hier nochmal, liebe Männer: Wenn beim Ausziehen der BH und das Höschen eurer Auserkorenen zusammenpassen, wart nicht ihr es, die entschieden habt, dass ihr heute in der Kiste landet.) Kommt die Entscheidung zu einer gemeinsamen Nacht aber überraschend, kann man schon mal kurz gedanklich gegenchecken, zu was man da heute Morgen so gegriffen hat, in der Unterwäscheschublade. Und natürlich ist das ein totaler Quatsch, denn ich glaube in der gesamten Geschichte der Menschheit hat noch kein Mann jemals diesen Satz gesagt: »Waaaas? Du hast deinen BH nicht passend zum Höschen an? Also dann wird das nichts mit uns.«

Der zweite Klassiker kommt aus irgendwelchen Untiefen, die meine Oma und meine Mutter mithilfe der Gesellschaft mal gebuddelt haben, und fängt ungefähr so an: *In der ersten Nacht sollte eine Frau aber nicht gleich ...* und fährt fort mit allen möglichen verwerflichen Bezeichnungen, die man verdient, wenn man das eben doch tut. Falls Ihnen so etwas jemals unterkommt, in so einem wunderbaren Moment, in dem man sich eigentlich nur von der Stimmung ins nächste Hotelzimmer tragen lassen möchte, DANN PACKEN SIE ES BEI DEN HÖRNERN UND SCHLEUDERN ES AM ARSCH VORBEI! SIE FALLEN NICHT UNTERS REINHEITSGEBOT, SIE SIND SCHLIESSLICH KEIN BIER!

Tags darauf fahre ich mit einem bekloppten Lächeln im Gesicht und völlig neuen Unterdüsen nach Hause:

- Nur ich fand es toll, und ich höre nie wieder von ihm.
- Er macht das jedes Wochenende so, praktisch als Hobby.
- Obwohl er normal und nett wirkt, kommt noch eine ganz, ganz schlimme Sache heraus.

Die Sache mit dem verrückten Messer-Stalker schließe ich inzwischen aus. Sehen Sie, was passiert? Also außer, dass ich auf dem besten Wege bin, mich schrecklich zu verknallen? Diese Hirnfürze tauchen überall auf, egal in welcher Situation. Und je besser wir sie erkennen und je strikter wir sie entlarven und zum Teufel schicken, desto besser fürs Wohlbefinden und die Falten auf der Stirn.

»Werde ich dich wiedersehen?«, zerstreut der Mann auch prompt meine Unterdüse Nummer 1 – und ja!

Und darauf folgte ein Sommer, der sogar noch besser war als »der Sommer des Lebens«.

Wenn Sie sich erinnern, ging es zu Beginn um Jana, die sich – für sie tragischerweise – in einen Mann verguckt hatte, der außer einigen anderen Dingen auch bei der CSU war. Ich sage *war*, weil er das seit einiger Zeit schon nicht mehr ist. Blöd, wenn sie ihn gleich aussortiert hätte, sie ist nämlich sehr froh mit ihm und so kann es manchmal eben auch laufen.

Jedenfalls erinnern Sie sich doch auch an mein mordsschlaues Gerede über Unterschiede und Vielfalt und dass es völlig in Ordnung ist, wenn man selbst oder jemand anders irgendeiner festgelegten Norm nicht entspricht – ja nun.

Der Hard-Rock-Café-Kapuzenpulli war ein erster, winzig kleiner Hinweis dafür, dass es da noch die eine und auch andere Überraschung geben sollte.

NORMEN

Bei Jana war es wie gesagt die politische Einstellung ihres Prinzen, die sie zurückschrecken ließ – verständlich, seitdem sich alles, was nicht hundertprozentig auf einer politischen Linie liegt, in einer Art Grabenkampf befindet.[7] Mit der Situation wurde sie überhaupt erst konfrontiert, weil der Gute nicht aus ihrem eigenen Aktionsradius kommt, wo alle eh die gleichen Meinungen haben und niemand Kurzarmhemden trägt. Wie eng die eigene Welt der Normen so gestrickt ist, fällt einem ja auch erst auf, wenn ihnen irgendjemand nicht entspricht. Mir ist zum Beispiel auch jetzt erst bewusst geworden, dass niemand in meinem Freundeskreis Kleidung trägt, auf denen *Hard Rock Café* steht. Oder generell Markennamen. Keine Ferrari-Kappe weit und breit, keine McLaren-Pullover, kein FILA-Schriftzug und kein GUCCI-Logo. Außerdem keine Poloshirts (vor allem keine Poloshirts mit aufgestelltem Kragen) und unter gar keinen Umständen lustige Sprüche à la »Mein Job ist toll, nur die Arbeit nervt« oder »Kann man das essen oder ist das vegan?«. Im allerhöchsten Fall ist auf einem T-Shirt ein verblasster Vintage-Druck einer längst verstorbenen Marke oder etwas, das ab Werk so verwaschen aussieht, dass man es eh nicht mehr erkennen kann.

---

[7] Von all meiner Kritik an politischer Unversöhnlichkeit sind Nazis an dieser Stelle natürlich explizit ausgenommen, weil: Fuck Nazis.

Ansonsten: dezent einfarbig bitte und als glamouröses Detail höchstens eine Brusttasche.

Der Mann, den ich jetzt toll finde, trägt T-Shirts von *Desigual*. Ich weiß nicht, ob Sie das kennen, das ist eine spanische Marke, und deren Ziel ist es anscheinend, möglichste jede Farbe der Farbpalette mindestens einmal auf jedem Kleidungsstück unterzubringen. Darüber, in schwarzen Buchstaben, steht in riesigen Lettern: DESIGUAL. Die Hosen des Mannes, den ich toll finde, haben vorgefertigte Löcher, aufgenähte Sticker oder eingenähte Streifen und von den Hemden mit Dschungelmotiven fange ich gar nicht erst an.

Wenn ich mit dem Mann vor einem Geschäft stehe und es liegt etwas ganz besonders Scheußliches in der Auslage, bin ich mir nie sicher: Stehen wir hier und gucken, weil das wirklich faszinierend hässlich ist – oder weil es ihm ganz gut gefällt? Man muss mit allem rechnen.

Dementsprechend gespannt bin ich vor meinem ersten Besuch bei ihm zuhause. Wenn sich dieses Zuhause analog zu seinen Klamotten verhält, dann wird es auf jeden Fall abenteuerlich.

»Oh bitte«, stöhnt Jana am Abend vor dem großen Ereignis in unserem Stammcafé, »machst du dir jetzt Sorgen, dass er nicht in einer liebevoll renovierten Altbauwohnung mit Stuckdecken und Fischgrätparkett residiert oder was?«

Aber weit gefehlt: »Stuckdecken? Du bist lustig, ich habe Angst vor Fußballbettwäsche!« Die Damen lachen, aber das war nur so halb übertrieben.

»Vielleicht hat er ja so eine Harlekinmaske aus Porzellan an der Wand hängen!«, überlegt Anne, und Jana fällt ein: »Ein Carpe-diem-Wandtattoo!«

Und so stacheln sie sich gegenseitig an, während ich in Gedanken noch über Bettwäschen sinniere und was schlimmer wäre: Fußball oder Tiger-Muster (Fußball).

Der Mann ist anscheinend auch etwas nervös vor meinem ersten Besuch und versucht, mir per WhatsApp irgendetwas zu erklären, aber nur andeutungsweise: »Du kennst das doch, dass man Dinge hat, die man nur noch hat, weil man noch nichts unternommen hat, um sie loszuwerden? Die einem vielleicht mal gefallen haben, aber schon lange nicht mehr?«

Ich lüge: »Ja, klar«, und rechne mit der gesamten Liste, die wir am Vorabend zusammengestellt haben.

Am nächsten Tag atme ich tief durch, setze mein bestes Lächeln auf und klingle.

»Komm rein, schön dass du da bist«, strahlt mich der Mann an, und ich bin auch ganz froh, und es kribbelt, und ich habe Cava dabei, und ich bin noch keine zwei Schritte in seiner Wohnung, da weiß ich, was er meinte mit den »Dingen«.

Recht präsent in der Mitte des Esszimmers, in dem wir stehen, sind vier Stühle um einen Tisch angeordnet, die einer Disney-Prinzessin würdig wären: Esszimmerstühle mit thronähnlichen hohen Lehnen, komplett mit weißem Kunstleder überzogen. In die Rückenlehnen eingearbeitet, gleichmäßig angeordnet, sind jeweils sechs Knöpfe, die aussehen wie 2-Euro-Münzen-große Swarovski-Kristalle.

»Wow«, bin ich dann auch angemessen sprachlos.

»Ja, also, das ...«, lächelt der Mann verlegen.

»Sind das diese *Dinge*?«, grinse ich zurück, und das sind sie wohl. Aber hey! Keine Fußball-Bettwäsche!

Bis auf ein etwas irritierendes buntes Katzenbild an der Wand und ein bisschen Souvenirkram sieht es eigentlich aus, wie in jeder beliebigen Bude eines Mannes, der keinen Bock auf Inneneinrichtung hat – aber irgendetwas ist merkwürdig. Nach mehrmaligem Umsehen komme ich drauf: Es ist nicht so, dass etwas da ist, das ganz schlimm ist (gut, die Stühle schon), aber es fehlt etwas – und das ist ganz schlimm.

»Wo sind denn deine Bücher?«

In diesem Moment fällt mir Jana ein: *Aber haben denn deine Ex-Freunde nicht irgendetwas gemeinsam? Gibt es da einen gemeinsamen Nenner …?* Und ja, ich kann sagen, alle hatten ein Bücherregal. Mit Büchern.

Der Mann hat keine Bücher. Also, er hat ein wissenschaftliches Werk aus dem Themenbereich Physik. »Dafür lohnt sich irgendwie kein Buch-Regal«, scherzt der Mann.

»Keine Bücher?«, Jana und Anne sehen mich bei unserem nächsten Treffen entgeistert an, und Jana findet als Erste die Sprache wieder: »Passt ja für eine Autorin«, lacht sie, aber Anne runzelt die Stirn: »Hast du schon mal seine Freunde kennengelernt? Sind die nett?«

Anne fragt das, weil wir irgendwann festgestellt haben, dass dies ein recht hilfreicher Hinweis auf die potenzielle Sozialverträglichkeit von Leuten ist. Wer nette Freunde hat, ist weniger wahrscheinlich selbst total daneben.

»Nein«, schüttle ich den Kopf, »aber nächstes Wochenende fahre ich zu ihm, und ein Freund von ihm ist dann gerade zu Besuch, da lerne ich ihn kennen.«

»Das ist Philipp. Er hat letztes Jahr den Weltmeistertitel im Grillen geholt!«, stellt mir der Mann besagten Freund vor, und auf den ersten Blick sieht der Grillweltmeister ganz normal aus. Wir hangeln uns auf einem Straßenfest von Bierstand zu Bierstand, es ist nett – und beim zweiten Blick ist der Weltmeister voll wie eine Haubitze und kauft für hundert Euro Bier, um es »unter den Armen zu verteilen«. Die »Armen«, also die anderen Besucher des Straßenfests, sind irritiert, ich auch. Kennen Sie das, wenn man mit einem Freund unterwegs ist, der sich aus welchen Gründen auch immer komplett danebenbenimmt? Ich vergehe bei so etwas vor Fremdscham, verteile entschuldigende Blicke und versuche, den eskalierenden Gesellen irgendwie von der Herde zu trennen. Beim dritten Blick hängt der Weltmeister halb bewusstlos zwischen mir und dem Mann, während wir versuchen, ihn wie ein sehr großes, sehr betrunkenes Kleinkind Richtung nach Hause zu bugsieren.

»Was war das denn?«, frage ich den Mann, als die Haubitze endlich selig im Bett des Gästezimmers schnarcht.

»Das ist halt Philipp«, sagt der Mann und zuckt mit den Achseln, »der ist immer so. Das letzte Mal hat er seine Hose verschenkt.«

Ich bin beeindruckt. Warum ist ihm das nicht unangenehm vor mir und vor allen anderen, warum nimmt er seinen Weltmeister überhaupt noch mit, wenn schon von vornherein klar ist, wie das endet?

»Ich mag ihn«, sagt der Mann, »trotz allem.«

Und das ist zwar reizend und spricht für ihn, aber: »Hast du noch andere Freunde?«

»Oh«, sagt Jana, als ich von dem Desaster mit dem Grillmeister berichte, und dann stellt sie die zweite Frage, die wir ebenfalls vor langer Zeit als einen Hinweis für eine gesunde Gesamtkonstitution ausgemacht haben: »Wie ist denn sein Verhältnis zu seiner Mutter?«

Wer auf diese Frage hin nicht in Tränen ausbricht oder Wutanfälle bekommt, so die Theorie dahinter, ist schon mal kein Soziopath.

»Er hat fast keinen Kontakt zu seiner Mutter.«

»Oh«, sagt Jana wieder.

Vielleicht macht dieser Mann auf Sie jetzt auch einen mittleren Eindruck. Und ganz ehrlich: Hätte ich ihn mit seinem Desigual-T-Shirt auf dem Straßenfest kennengelernt, hätte ich noch dort erfahren, dass er nicht liest, keinen Kontakt zu Mama hat, Barbie-Stühle sein Eigen nennt, und währenddessen hätte sein sturzbesoffener Kumpel mir Bier aufgedrängt – es wäre vermutlich nicht die Romanze des Jahrhunderts draus geworden. Um nicht zu sagen, ich hätte schneller die Biege gemacht, als er »Hi!« hätte sagen können. Und ich hätte nie erfahren, wie klug er ist und wie empathisch, wie überlegt, und wie gut er formulieren kann. Was für ein großes Herz er hat und wie wunderbar er mit meinem Kind umgehen kann – und mit mir.

Vermutlich sind die Normen Ihrer Peergroup ganz andere, aber seien Sie sich sicher: Es gibt welche, auch wenn sie einem im ersten Moment vielleicht gar nicht auffallen, sondern erst, wenn es jemanden gibt, der diesen nicht entspricht. Und selbst, wenn man sich diesen Spruch aus *Der Kleine Prinz* in sein Poesiealbum geheftet hat:

Man sieht nur mit dem Herzen gut.
Das Wesentliche ist für das Auge unsichtbar.[8]

---

8 Antoine de Saint-Exupéry, *Der Kleine Prinz*

Selbst dann kann es passieren, dass man dieses Prinzip nur auf diejenigen anwendet, die den Normen entsprechen – und Desigual-T-Shirt-Träger (oder was auch immer bei Ihnen verpönt ist) davon irgendwie ausklammert. Aber ich versichere Ihnen: Da sind wunderbare Leute dabei. Wer weiß – vielleicht sogar bei denen mit Poloshirts ...

6. BENNY BÄRENSTARK

Benny Bärenstark kennen Sie vielleicht – das ist diese muskelbepackte Gestalt, die das Kommando übernimmt, wenn man zu sich selber sagt: AUGEN ZU UND DURCH. Oder: NICHT AUFGEBEN. Oder: AUFSTEHEN, KRONE RICHTEN, WEITERGEHEN.

Kommt Ihnen bekannt vor? Wir alle haben einen Benny Bärenstark, und manchmal ist der so lange im Einsatz, dass wir gar nicht mehr merken, dass er das Ruder in der Hand hat – bis man aus einem völlig dämlichen, nichtigen Grund anfängt, in Tränen auszubrechen:

»... und jetzt ist auch noch der Senf aus, Buhuhuhu!«, zum Beispiel. Oder man brüllt seinen Liebsten an, dass er vergessen hat, welchen zu kaufen. Im besten Fall und wenn Ihr Liebster Sie schon eine Zeit lang kennt, kommt er dann auf Sie zu und nimmt Sie in den Arm – und anschließend brechen Sie in Tränen aus.

Wenn sie keinen Liebsten haben, den Sie anschnauzen können, und dann auch noch Pech haben, laufen Sie in so einer Situation meinem Freund Lothar über den Weg, dessen Anmachspruch ist seit Ewigkeiten der gleiche:

»Wie geht es dir?«, und egal, was Sie dann sagen, ist der nächste Satz: »Und wie geht es dir wirklich?«

Alle, die im Einklang mit sich und ihrem Innenleben sind, werden so etwas Ähnliches antworten wie: »Hä?«

Wer aber seit geraumer Zeit den Benny Bärenstark gibt, bricht dann eben bei Lothar in Tränen aus. Und der tröstet dann … Wenn man danach geht, wie es bei Lothar so läuft mit den Frauen, muss man annehmen, dass es ziemlich viele sind, die im NICHT-AUFGEBEN-Modus unterwegs sind. Man rutscht da aber auch so verteufelt leicht hinein! Besonders gefährdet sind:

DIE, DIE SICH FÜR ALLES VERANTWORTLICH FÜHLEN

… und zwar auch für all die Dinge, für die sie gar nicht verantwortlich sind! Zum Beispiel dafür, dass es gerade regnet. Klingt zunächst komisch, aber mir passiert das jedes Mal, wenn ich Besuch habe, also extra angereisten Besuch, der ein paar Tage bleibt, vielleicht sogar extra Urlaub nehmen musste – und dann regnet es durch. Da fühle ich mich so schuldig, dass ich permanent um Verzeihung bitte. Gerade so, als hätte ich durch irgendeine Schludrigkeit einen Wasserhahn offengelassen und jetzt haben wir eben den Salat.

»Wenn du dich für das Wetter entschuldigst, überschätzt du dich ein bisschen, meine Liebe«, sagt mein Besuch freundlicherweise und hat damit natürlich Recht. Ich fühle mich aber generell gerne für Sachen verantwortlich, die nicht in meinen Kompetenzbereich fallen, und das ist zum einen unsinnig und zum anderen unangenehm, weil ich an den Umständen ja gar nichts ändern kann. Ich entschuldige mich auch stellvertretend, wenn sich eine Freundin (Jana) bei irgendeiner Gelegenheit (zum Beispiel einer

Feier von gemeinsamen Bekannten) aus ungeklärten Gründen (Gin Tonic) irgendwie danebenbenimmt (die französische Bulldogge der Hausherren schminkt. Mit dem Make-up der Hausherrin). Das ist mir wirklich unangenehm, obwohl ich es ja nicht selbst war, die da aus dem Ruder gelaufen ist (und obwohl es sehr lustig ausgesehen hat).

Für das Wetter, für andere und für die Fehler von anderen kann man sich auch noch gleich mit verantwortlich fühlen, wenn man schon dabei ist. Dabei sind nach oben keine Grenzen gesetzt: So habe ich mich schon mit beschämten Blicken und extremer Freundlichkeit bei den spanischen Einheimischen für meine volltrunkenen, feiernden Landsleute entschuldigt, und wenn Deutschland wegen irgendetwas unrühmlich in die Schlagzeilen gerät, dann schäme ich mich im Ausland gleich für das ganze Land mit. Wie es Leuten ergeht, die aufgrund ihres Aussehens oder ihres Namens mit Terroristen in Zusammenhang gebracht werden, möchte ich mir gar nicht vorstellen.

Für Arbeitgeber sind so Leute wie ich wahnsinnig praktisch: Egal welche Fehler passieren oder welche Misswirtschaft der Laden betreibt, in dem wir arbeiten – wir sind persönlich dafür verantwortlich. So geschehen in allen Jobs, die ich jemals hatte. Während meiner Zeit als Bedienung in der Kneipe war das angenehm für die bewirteten Gäste: Egal ob das Fleisch zu durch oder das Bier zu warm oder kein Platz mehr frei war – ich versuchte sofort, meine persönliche, tiefe Schuld daran zu beheben, indem ich alles Menschenmögliche tat, um die Betroffenen zufrieden zu stimmen.

Später in der Werbeagentur entschuldigte ich mich dann vor den Kunden, wenn der Chef nicht rechtzeitig zum Meeting kam, vor dem Chef, wenn die Grafik einen Patzer gemacht hatte und bei der Grafik, dass ich ihnen ihre Arbeit nicht einfach komplett abnehmen konnte. Und in der Büroküche dafür, dass just als ich an der Reihe war, die Kaffeemaschine den Geist aufgab. Für Betriebe aller Art sind solche Leute ein Traum. Denn wenn ich weiß, dass morgen das Konzept XY fertig sein muss, komme was wolle, und auch wenn es nicht meins ist – dann bleibe ich selbstverständlich so lange, bis XY vollbracht ist. Als wäre es mein Betrieb, denn ich fühle mich verantwortlich.

Ich hielt das sogar lange für eine prinzipiell ganz gute Eigenschaft – dass ich dafür Überstunden machen musste und hie und da der Stresspegel durch die Decke ging: Das war zwar nicht schön, musste halt aber.

Dass dies vielleicht gar nicht die ultimative Strategie ist, kommt mir eines Abends, als ich meinen Freund Ole von der Arbeit abhole. Ole sitzt während seiner Arbeit in einem von diesen gläsernen Büros, die es möglich machen, dass man die anderen zwar sehen, aber nicht hören kann – genau umgekehrt wie in dem Mehrfamilienhaus, in dem ich wohne –, und tut dort enorm wichtige Dinge. Es ist schon nach zehn, als ich ankomme, bei Ole ist es spät geworden heute, und wir wollen noch auf ein Bier gehen, das haben wir lange nicht gemacht. Als er zusammenpackt und wir uns auf den Weg Richtung Ausgang des riesigen Bürokomplexes machen, ist schon alles dunkel, nur an einem Tisch in der Nähe des Ausgangs brennt noch Licht. »Hey, was machst du denn noch hier?«, fragt Ole und bleibt an dem Tisch stehen, der erstaunlicherweise trotz der riesigen Stapel an Papieren, Ordnern und Katalogen doch noch steht. In der Mitte ein Monitor mit seinem blauen Licht, und dahinter sitzt eine müde aussehende Frau Mitte vierzig.

»Morgen ist doch die Halbjahrespräsentation«, sagt sie und deutet auf die Stapel vor sich. »Die Bilanzen sind noch nicht eingegeben, die kamen ja erst heute früh, und die aus dem Ausland erst heute Nachmittag, und dann sollen noch die Produktnamen rein, und die Katalognummern haben sich geändert und ... und ich weiß gar nicht, wie das bis morgen alles fertig sein soll«

In einem Paralleluniversum, in dem ich Ole bin, schicke ich meine liebe Freundin Alex alleine ein Bier trinken, sage daheim Bescheid, dass ich nicht zu Frau und Kind nach Hause komme diese Nacht, nehme mir einen Bürostuhl, rolle an ihre Seite und wir arbeiten gemeinsam bis zum Morgengrauen durch, bis alle diese Dinge erledigt sind. Dann lehnen wir uns hundemüde, aber glücklich zurück und sind stolz, dass wir es geschafft haben, und die Frau Mitte vierzig überschüttet mich für alle Zukunft, oder zumindest bis zum nächsten Halbjahresbericht, mit Dankbarkeit.

In der realen Welt runzelt Ole die Stirn, schüttelt mitleidig den Kopf und sagt: »Oh Mann, so viele Probleme«, verabschiedet sich, und wir gehen.

»Das hast du gerade nicht wirklich gesagt, oder?«, staune ich ihn im Aufzug an. »Du kannst die doch da nicht einfach so sitzen lassen!«

»Sondern? Was schlägst du vor?«

Ich hebe an zu einer Rede über Kollegialität, Solidarität, Mitgefühl, Verantwortung und noch einige noble Dingen, die es meiner Meinung nach so braucht im täglichen Miteinander, und gerade als ich mich fühle wie eine zweite Jeanne d'Arc, grätscht mir Ole dazwischen: »Und in wessen Dienste stelle ich all diese Dinge? In die eines Weltkonzerns?«

Na ja, nun. Nein.

»In den Dienst deiner völlig verzweifelten Kollegin?«, biete ich an, aber Ole ist nicht überzeugt.

»Natürlich können wir uns die Nacht um die Ohren schlagen und alles irgendwie hinbekommen, wir können uns sogar ein paar gute Gefühle rausziehen, weil wir das Unmögliche vollbracht haben, und ich noch ein paar mehr, weil ich so verdammt hilfreich war, und sie mir so dankbar ist. Aber im Endeffekt nützt das doch nur etwas in diesem Augenblick. Wenn die Halbjahresberichte auf diese Art und Weise nicht funktionieren, dann muss sich an dieser Situation etwas grundlegend ändern, nicht wir müssen unser Privatleben, unsere Freizeit und unsere Gesundheit in die Waagschale schmeißen, damit es doch irgendwie funktioniert.« Ich bin nicht überzeugt.

»Stell dir vor«, fordert Ole mich auf, »die Grundschullehrerin gibt der 1a zwanzig Seiten Hausaufgaben für den nächsten Tag auf. Was machst du dann? Arbeitest du mit deinem Kind die Nacht durch, um das irgendwie zu schaffen? Oder sagst du der Lehrerin, dass das völlig unmöglich ist?«

Ganz klar Zweiteres.

»Und würdest du dir wünschen, dass die anderen Eltern das genauso machen?«

Jepp.

»Siehst du. Und deswegen wünsche ich mir eigentlich aus Gründen der Kollegialität, der Solidarität, des Mitgefühls und der Verantwortung den Kollegen gegenüber, dass sie sich nicht aufreibt, um das irgendwie zu schaffen, sondern zu verstehen gibt, dass es, so wie es jetzt läuft, nicht zu schaffen ist.«

»Wenn sie aber eher so gestrickt ist wie ich und sich das im Leben nicht trauen würde?«

Und da legt Ole den Kopf schief und lächelt mich an: »Ich werde ihr nicht vorschreiben, was sie zu tun hat, sie ist ja schon groß. Sie ist für sich selbst verantwortlich.«

Hm.

DIE, DIE ALLES UNTER KONTROLLE HABEN MÜSSEN

Die Kontrolle zu haben ist schön und gibt uns Sicherheit. Und dann läuft es immer irgendwie aus dem Ruder und verursacht ein paar schöne Stressmomente.

Was an Kontrolle so stressig ist, das hat der Psychologieprofessor Guido Gendolla von der Universität Genf genauer untersucht, in seinem Artikel »Selbstverwirklichung macht krank? Kardiovaskuläre Reaktivität bei der Bewältigung identitäts- und selbstrelevanter Anforderungen«. [9]

»Wer denkt, alles im Leben kontrollieren zu können, hat eine sehr schwere Lebensaufgabe und wird mit hoher Wahrscheinlichkeit krank werden«, sagt Gendolla, und bezieht sich auf eine Reihe von Untersuchungen von Paul A. Obrist, der Probanden mit so unangenehmen Dingen wie lautem Lärm, Elektroschocks und dem Halten einer Hand in Eiswasser triezte. Wenn die Probanden diese Dinge vermeiden konnten, indem sie eine kognitive Aufgabe lösten, zum Beispiel das Auswendiglernen von Buchstabenfolgen oder Namen, dann stiegen der gemessene Blutdruck und die Herzfrequenz während dem Lösen der Aufgabe an. Gab es hingegen überhaupt keine Möglichkeit, die Schikane zu umgehen und die Probanden wurden einfach so getriezt, passierte das kaum. Ihr Herz-Kreislauf-System ergab sich und zuckte nur mit den Achseln.

---

9   Gendolla, G.H.E. & Krüsken, J.: Selbstverwirklichung macht krank? Kardiovaskuläre Reaktivität bei der Bewältigung identitäts- und selbstrelevanter Anforderungen.
    In: E.H. Witte & Ch. Bleich (Ed.): Sozialpsychologie des Stresses und der sozialen Unterstützung.
    Lengerich : Pabst Science Publishers, 2001, pp 11-32.

Kein Wunder, was. Mein Puls geht schon nach oben, wenn ich mir das nur vorstelle.

»Hans, Margit, Inge, Eva, Daniel, Ahmet ..."

»Falsch!«

STROMSCHLAG!!!! AAAAAAHHHHH!!!!!!!

Jedenfalls folgert Gendolla: Ein Stressfaktor (Stromschlag) in Kombi mit der Möglichkeit zur Beeinflussung (active coping nennt sich das) jazzt das Herz-Kreislauf-System in die Höhe, je schwieriger die Aufgabe desto doller, obendrein reagiert unser Körper leicht hysterisch und heizt dieses System mehr an als nötig. Das führt zu Herz-Kreislauf-Erkrankungen (was eine der häufigsten Todesursachen in den westlichen Industrieländern ist).

Es gibt sogar Studien, die einen bestimmten Persönlichkeitstyp als besonders anfällig befinden: die mit dem so genannten Typ-A-Verhalten, gekennzeichnet durch die Merkmale:

- hohe Leistungsmotivation,
- schlecht definierte Ziele,
- starkes Wettbewerbsstreben,
- Ungeduld,
- Ruhelosigkeit.

Ist da was dabei für Sie? Vielleicht sollten Sie sich dann doch zum Meditationskurs anmelden. Noch vor den Panikattacken und den Burnouts und was dem Körper sonst noch alles einfällt, um auf eine gewisse Disharmonie im System hinzuweisen.

An alle, die sich jetzt bräsig eine Haarsträhne aus der Stirn pusten, um dann wieder in ihre Hängematte zu sinken: Ich glaube nicht, dass die Konsequenz daraus heißt, man solle das Leben ganz chillig auf sich zukommen lassen, so als Herzinfarkt-Vorsorge. Aber wenn man zum Beispiel einen Job hat, der einem schon viel abverlangt, einen pubertierenden Teenager, alternde Eltern, die vermehrt Aufmerksamkeit brauchen, und außerdem muss das Auto zum TÜV, die Steuererklärung zum Finanzamt und der Drucker – well. Dann kann es sein, dass man trotz minuziöser Planung und AUGEN ZU UND DURCH sich irgendwann eingestehen muss, dass das eben nicht geht. Es gibt Dinge, die kann man nicht kontrollieren. Vor allem andere Leute (von Pubertierenden ganz zu schweigen) und Schicksalsschläge. Und plötzlich sind alle Pläne, die man so gemacht hat, über den Haufen geschmissen, und wenn wir noch so straff versuchen, alles zu organisieren und unter Kontrolle zu behalten – es geht nicht. Alle, die schon die Krise kriegen, wenn trotz sorgfältiger Planung eines besonderen Abends / einer Hochzeit / eines Urlaubs alles schief läuft, kennen das im Ansatz. Wenn das Schicksal gnädig ist, dann wird die verregnete Hochzeit wunderbar romantisch im improvisierten Schuppen, wo die Band auf dem Traktoranhänger spielt und alles nach Heu duftet. Wenn das Schicksal gnädig ist, erweist sich Tante Hilde, die überraschenderweise auf der Abi-Feier im Partykeller auftaucht, nach dem zweiten Mariacron als ganz große Stimmungskanone und wenn das Schicksal gnädig ist, dann ist die Ersatzunterkunft, die man auf die Schnelle finden muss, weil das Hotel im Urlaubsort die Buchung nicht findet, tausendmal schöner als ebenjenes. Und wenn nicht – dann wird es zu einer Geschichte, die Sie zu erzählen haben. Sich zurücklehnen, die Kontrolle abgeben, sich dem Leben ergeben, wenn es sein muss. Und zurückstecken. Apropos:

DIE, DIE ALLES WOLLEN

Ja nee, is klar, mag man da abwinken, aber es ist nicht klar. Im Gegenteil, es ist eine ganz bittere Erkenntnis. Wenn Sie das Leben meiner Freundin Lotta zu Gesicht bekämen, würden Sie neidisch werden: Sie ist erfolgreiche Anwältin, hat einen netten Mann, der eine eigene Firma leitet, sie leben in einer wunderschönen Dachterrassenwohnung, haben zwei entzückende Kinder und eine Nanny, die aushilft. Das Müsli ist bio, im Urlaub geht's ins Haus am Meer, das Auto ist neu, und der Weißwein fließt in Strömen. Wenn Lotta selbst das alles von außen betrachtet, findet sie das Wahnsinn – sie hat alles erreicht, was sie sich mal vorgestellt hat. Es ist genauso geworden wie in ihren Träumen. »Aber warum bin ich dann nicht glücklich?«, ist die einzige Frage, die nicht beantwortet ist.

Dabei ist es ganz simpel. Diese drei Dinge sind nur in ganz wenigen Ausnahmefällen unter einen Hut zu bringen:

1. beide machen Karriere,
2. Happy Kind/er,
3. eine erfüllende Beziehung.

Bei den meisten bleibt irgendwas davon auf der Strecke, und wenn es blöd läuft, sogar zwei davon. Und hier ist noch gar nicht alles dabei, was man auch gerne hätte: Gesundheit natürlich, tolle Urlaube, eine spannende Freizeit, innere Ausgeglichenheit, Zeit mit Freunden, Zeit für sich, ein fancy Auto und ein Eigenheim wären toll, ein okayes Sexleben und ein Hund. JA IST DAS DENN ZU VIEL VERLANGT? Ja, ist es.

Warum auch immer hat sich aber das Bild verfestigt, dass dies durchaus möglich ist, wenn man sich nur vernünftig organisiert.

Das kann sogar eine Zeit lang klappen, aber sobald nur ein einziges Sandkorn ins Getriebe kommt, fährt diese perfekt organisierte Maschine gegen die Wand. Dieses Sandkorn kann ein ganz kleines sein und oft auch nur vorübergehend – zum Beispiel das Kind wird krank. Oder man selbst. Der Job verlangt nach Überstunden, das Auto geht kaputt, solche Sachen. In diesen Momenten zeigt sich, wie fragil die Maschine ist, die man da am Laufen zu halten versucht. Aber mit einem Haufen Stressmomenten ist das wieder hinzukriegen. Ist das Sandkorn ein ausgewachsener Sandsturm (und dann nennen wir es Schicksalsschlag), bricht die Maschine einfach auseinander.

Ganz ehrlich: Manchmal ist das nicht das Schlechteste. Denn bei den Versuchen, eben doch alles unter einen Hut zu bringen – ALLE ANDEREN KRIEGEN ES JA AUCH HIN –, und wenn man dann endlich die Maschine wieder am Laufen hat, dann wundert man sich, warum die Glücksmomente ausbleiben. Später vielleicht. Die Hoffnung auf die Zeit, wenn erst die Kinder größer sind oder der Kredit abbezahlt ist, die Beförderung kommt, das Projekt abgeschlossen ist ... name it: Sie ist ein Trugschluss. Das Leben ist voller Sandkörner, kleinen und großen, sie verschwinden nie, sie ändern sich nur.

Und während der stressigen Jobs, der wegorganisierten Kinder, wenn für kurze Zeit einmal alles »funktioniert« – direkt auf dem Weg in den Burnout und ins Magengeschwür –, basteln wir für unsere Kinder ein Lebensmodell, das noch rasanter ist, noch mehr Förderung, Mathe im Kindergarten und Englisch ab drei, Schule mit Hort bis nachmittags – als gäbe es ein Ziel, das sie schneller erreichen sollen. Aber was ist das Ziel?

Tun wir unseren Kindern das nicht an.

Und uns auch nicht.

1. beide machen Karriere,
2. Happy Kind/er,
3. eine erfüllende Beziehung.

Auf was davon sind Sie bereit zu verzichten?

(An dieser Stelle eine ganz kleine Notiz an die Frauen: Falls Sie zu Punkt 1 tendieren und beschließen, eine/r von ihnen schaltet zwei Gänge runter, seien wir ehrlich: Meistens stecken die Frauen zurück, Sie wissen das, ich weiß das. Falls dem so ist, kümmern Sie sich unbedingt um Ihre Finanzen. Lassen Sie sich beraten, informieren Sie sich, machen Sie Verträge. Es gibt Finanz-Blogs für Frauen, zum Beispiel *www.geldfrau.de* oder die Plattform *Madame Moneypenny*, die Frauen in die finanzielle Unabhängigkeit begleiten möchte. Deren Facebook-Gruppe ist exklusiv nur für Frauen, und man kann Fragen stellen, auch die, die man sich nicht zu stellen traut. Machen Sie das unbedingt. Es ist wirklich wichtig.)

DIE STARKEN HELFERINNEN

Die stärkste Frau, die ich kenne, hat irgendwann auf meinem Sofa mitten im Gespräch das Heulen angefangen. Und dann sind zwei erschütternde Dinge passiert: Sie hat, noch während ihr die Tränen über die Wangen liefen, versucht zu lächeln. Außerdem versuchte sie, immer noch heulend, mich zu beruhigen, dass schon alles ok sei, und ich mir keine Sorgen machen müsse. Sie wollte mir sich und ihre Tränen nicht zumuten. Das war so herzzerreißend, dass ich spontan mitheulen musste.

»Was tust du dir nur an?«, schniefte ich irgendwann, und dann ging es schon wieder von vorne los.

Liebe Helferinnen,
wenn ihr es gewohnt seid, für andere da zu sein, stark zu sein für eure Kinder, weil sie euch brauchen, und für eure Eltern, weil sie schwach sind, wenn es euch normal erscheint, anderen Kraft zu geben, und ihr alles mit euch selbst ausmacht, wenn ihr andere glücklich machen wollt und deshalb eure eigenen Sorgen nicht teilt, und wenn ihr eine Tragödie lieber für euch behaltet, weil es euch zu viel wäre, euer Gegenüber auch noch zu trösten, dann bitte. Mutet euch der Welt zu. Vielleicht wisst ihr es nicht, aber es gibt Menschen, die euch umarmen und so lange nicht mehr loslassen, bis die Tränen versiegen. Und wenn ihr Glück habt, haben sie sogar noch ein Bier im Kühlschrank.

Das musste mal gesagt werden.
Wenn wir uns mal kurz vorstellen, wie viel Kraft und Arschbackenzusammenkneifen es kostet:

- sich nicht anmerken zu lassen, wie schlecht es einem geht,
- nicht die Wahrheit zu sagen,
- nicht Nein zu sagen, wenn man es eigentlich will,
- Negatives über sich zu denken und auszuhalten,
- sich mit Leuten zu umgeben, die einem nicht hilfreich sind,
- die eigenen Gefühle zu betäuben,
- so zu tun, als wäre man anders,
- nicht das zu tun, was das Herz einem sagt,
- nicht zu widersprechen, wenn es nötig wäre ...

… das ist doch so höllisch anstrengend, da kann man diese ganze Kraft doch auch gleich für sich selbst nutzen. Man bräuchte sie nämlich gerade dringend.

Benny Bärenstark mit seinem »Augen zu und durch« ist deshalb zwar ein echt toller Typ, wenn man ihn kurz braucht, für den Scheidungstermin, die Projektpräsentation, den Kindergeburtstag und die Wurzelbehandlung, aber als ständiger Begleiter ist er ungeeignet. Um nicht zu sagen toxisch, besonders für die, die sich für alles verantwortlich fühlen, für die, die alles unter Kontrolle haben müssen, für die, die alles wollen, und für die starken Helferinnen.

7. ... UND IRGENDWAS IST JA IMMER!

Abgesehen vom Weltgeschehen, das einem ja durchaus hin und wieder den letzten Nerv rauben kann, ist es im Alltag dieser Eintopf aus ganz persönlichen Dramen, Sorgen und Nickeligkeiten, der einen runterzieht, traurig macht oder ratlos, der stresst und dazu führt, dass man wegen fehlendem Senf das Heulen anfängt. Da lohnt es, sich immer mal wieder vor Augen zu führen, dass die aktuelle Hauptsorge, die uns so beschäftigt, in den meisten Fällen vorübergehend ist und dann von der nächsten Hauptsorge abgelöst wird. Wäre *Der König der Löwen* als Erwachsenenfilm gedreht worden, dann wäre die musikalische Untermalung unserer permanenten Sorgen der Song *The Circle of Life*.

Mir ist das erst vor kurzem klar geworden – reichlich spät für meinen Geschmack, aber mach was:

Einsichten kommen mitunter plötzlich – und dann fasst man sich ja gern mal an die Stirn, völlig fassungslos, wie man (Volltrottel) diese Einsicht nicht schon viel früher haben konnte. Ich fasse mir an einer viel befahrenen Zufahrtsstraße an die Stirn, auf deren Bürgersteig ich mit dem tollen neuen Mann Richtung nach Hause unterwegs bin. Seit wir vom Restaurant losgelaufen sind – und ich befürchte auch während wir in ebenjenem gesessen haben –, mache ich mir Luft über die Baustelle. Die Baustelle ist die Renovierung eines Hauses, in das ich gerne einziehen möchte, und sie hat maßgeblich dazu beigetragen, dass ich mir seit neuestem die Haare färbe, wegen grau. Tatsächlich gibt es so viel über die Baustelle zu erzählen, dass man daraus ein eigenes Buch machen könnte – aber das will echt niemand lesen.

Nur so viel: Wir sind ja in Spanien, und die Übersetzung des Wortes »mañana« mit dem deutschen Wort »morgen«, also der Tag nach diesem Tag, wie das Kind sagt, stimmt so nicht exakt. »Mañana« heißt korrekt übersetzt: »Irgendwann anders, jedenfalls nicht heute«. Der neue tolle Mann hat sich das also während des ganzen Menüs angehört, und weil er noch ganz verknallt ist, hat er nicht irgendwann die Augen verdreht, sondern sogar gelächelt dabei. Irgendwann auf dem Nachhauseweg ist dann sogar mir aufgefallen, dass die Baustelle eventuell schon ziemlich lange Thema ist und obendrein kein sehr erbauliches, im wahrsten Sinne des Wortes. Also frage ich ihn, wie es denn bei ihm so läuft, der Mann arbeitet als Veranstalter und hat seit Corona und den damit verbundenen Dramen ebenfalls deutlich mehr graue Haare bekommen.

»Es ist elend, und ich ärgere mich wahnsinnig«, sagt der Mann, und dann: »Aber letztes Jahr um die Zeit habe ich mich wahnsinnig über den Steuerberater geärgert, der mich eine Stange Geld gekostet hat«, und lächelt.

Letztes Jahr um die Zeit – ich überlege, was da bei mir so aktuell war ... Wir hatten einen tollen Sommer, ich war mit dem Kind zu Besuch bei den Großeltern und im Schwimmbad, ich erinnere mich an tropische Nächte und Weißwein auf der Terrasse, einen Baumwipfel-Pfad ... Aber dann fällt mir ein, dass mich über den Baumkronen von Fichten und Tannen die Sorge um die Einschulung des Kindes umtrieb. Wir hatten noch keine Zusage von der Schule bekommen, die Alternativen gefielen mir nicht, und wenn die gewünschte Schule nicht bald mit einer Einschulungsbestätigung um die Ecke kam, würden wir zwischen der verdammt-weit-weg-Schule und der verdammt-schlechter-Ruf-Schule wählen müssen. An den August im Jahr davor kann ich mich recht deutlich erinnern, denn den habe ich komplett im Büro unter der Klimaanlage verbracht, um ein Buch fertig zu bekommen, von dem es abhing, ob ich mir die Hausrenovierung würde leisten können. Und als das in trockenen Tüchern war, rief der Nachbar während des wohlverdienten Urlaubs an, anscheinend hatte es einen Rohrbruch in meiner Wohnung gegeben.

Vermutlich kann ich immer so weitermachen und lande im August 1974 bei meinen Milchzähnen, die nicht kommen wollten, und einer unerkannten Laktoseintoleranz (ja, ich kannte die schon, bevor sie Erfolg hatte).

Irgendwas ist eben immer. Damit will ich die Dinge nicht kleiner machen, als sie sind – sie sind weiterhin da, und ich mache mir je nach Sachlage mehr oder weniger Sorgen, aber wenn ich die Sorgen vergleiche, merke ich, dass das jeweils vorherrschende Thema immer ähnlich tiefe Furchen zieht (bis auf die Sache mit den Milchzähnen und der Laktosenummer, daran kann ich mich nicht so gut erinnern). Es gibt immer eine aktuelle Hauptsorge, und wenn das immer so war, dann wird das eventuell auch weiterhin so sein. Nächstes Jahr um diese Zeit werde ich (hoffentlich) in dem renovierten Haus sitzen, und ich werde mir über etwas anderes Sorgen machen, über etwas, von dem ich jetzt noch gar nichts weiß, und die Baustellen-Sorge wird nur noch Erinnerung sein. Aber diese neue Sorge, von der ich noch nicht weiß, welche es sein wird, wird mich genauso ärgern, beschäftigen, erzürnen oder traurig machen wie diese. Und auch die wird wieder vergehen und eine neue kommen. Oft, wenn Hiob mal wieder mit einer seiner Botschaften um die Ecke kommt und eine neue Sorge präsentiert, denke ich so etwas wie *Ja hört das denn nie auf!* Die schlechte Nachricht ist: Das hört tatsächlich nie auf (und wenn man Kinder hat gleich dreimal nicht).

Manchmal wiegen diese Dinge schwer, manchmal nicht so sehr, aber fast immer, wenn ich mich frage *Ist das in einem Jahr noch wichtig?*, muss ich zugeben: nein, vermutlich nicht. Und wenn ich sage: »Irgendwas ist immer«, dann ordne ich diese Sorge in ihre Kiste, die Aktuelle-Hauptsorge-Kiste. Die steht zwischen all den anderen Kisten. Eine trägt die Aufschrift »aktuelle Hoffnung«, eine andere »aktuelles Wohlbefinden« oder »aktuelles Projekt«. Der Inhalt ändert sich immer, in all diesen Kisten, stetig. Und weil die jeweilige Kiste nur ein Teil des Regals ist, das mein Leben ausmacht, nehme ich sie gelassener. Sie ist nicht mehr die Hauptdarstellerin, um die sich alles dreht, sondern fügt sich ein.

Und wenn ich mir so ansehe, was in dieser Kiste schon so alles war, ganz ehrlich: Im Nachhinein gesehen hätte keines dieser Ereignisse einen anderen Verlauf genommen, wenn ich mich nicht so gesorgt hätte. Um nicht zu sagen: Manchmal hilft es, die eigenen Sorgen, die einen gerade so umtreiben, in eine gewisse Relation zu bringen. Ich habe das mal grafisch festgehalten:

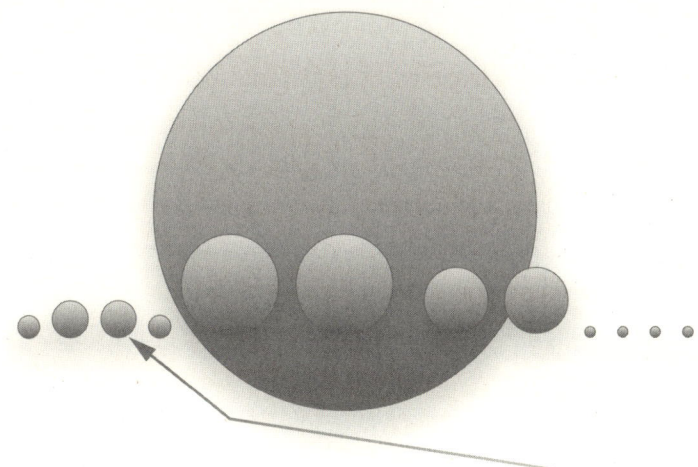

Der große Kreis im Hintergrund ist die Sonne und hier, hier wohnen Sie. Um es mit den Worten des großartigen Douglas Adams zu sagen: »Weit draußen in den unerforschten Einöden eines total aus der Mode gekommenen Ausläufers des westlichen Spiralarms der Galaxis.«[10] Und im Angesicht dessen ist es zwar völlig in Ordnung, sich wegen der Einschulung, des Druckers, einer Hausrenovierung und Ihrer aktuellen Privat-Lieblingssorge diverse Haare zu raufen, aber vielleicht nicht notwendigerweise alle.

---

10 Douglas Adams, *Per Anhalter durch die Galaxis*. Übersetzt von Benjamin Schwarz. Rogner & Bernhard, 1981, ISBN 3-8077-0171-0

8. VOLLSPACKOS

Zugegeben, ein hartes Wort, aber manchmal passt es einfach so hervorragend! Oft geben die sich ja auch sofort zu erkennen. Das hat eine ganz besondere Magie, wenn man jemanden gerade erst kennenlernt und schon in den ersten Momenten reift in einem strahlend hell die Erkenntnis: Ich will mein ganzes zukünftiges Leben ohne dich verbringen!

Wenn das passiert, muss ich immer an diesen Spruch denken:

Kein Mensch war ohne Grund in deinem Leben.
Der eine war ein Geschenk, der andere eine Lektion.

Ganz ehrlich – da fragt man sich bei manchen Begegnungen schon, was denn das nun für eine Lektion gewesen sein soll …

Jede Menge Vollspackos trifft man im Internet, das scheint so eine Art natürlicher Lebensraum zu sein. Weil ich ein öffentliches Facebook-Konto habe und viele, die dort vorbeikommen, nicht meine persönlichen Bekannten sind, sondern Leute, die ich nicht kenne, kommen da auch immer ein paar dieser Gattung vorbei.

In Extremsituationen (während einer Pandemie zum Beispiel) schießen die ja aus dem Boden wie Pilze nach einem Herbstregen. Ich muss zugeben, wenn sich da jemand als besonders deppert hervortut, dann klicke ich mich gern durch die Fotos des- oder derjenigen, einfach um zu gucken, ob die eigentlich auch so doof aussehen.

Lange habe ich gedacht, die gehören halt dazu – Gottes Zoo ist groß, und dass da ein paar speziellere Exemplare dabei sind, ist nicht weiter verwunderlich. So wie der Meister Eder vom Pumuckl schon sagte: »Es muaß a Bläde gem, ned?«

Und weil sie Teil dieser erstaunlichen Welt sind, muss man die halt auch aushalten.

Überraschung: Muss man gar nicht! Es steht nirgends geschrieben, man hat das niemandem versprochen und vor allem: Wenn man es nicht tut, passiert nichts! Man kann die auch umgehen! Im echten Leben und im Internet. Ist das nicht herrlich?

VOLLSPACKOS IM ECHTEN LEBEN

Wer jetzt nicht großen Spaß an Auseinandersetzungen mit seinen Mitmenschen hat, für den ist die Konfrontation mit Vollspackos eine echte Herausforderung. So sehr ich es bewundere, wenn Leute für sich und für andere einstehen und sich nichts gefallen lassen, so schwer fällt es mir, das selbst zu tun – und dann muss das ja auch immer noch spontan sein! Aus dem Stegreif, quasi! Ich bin ja eher die, die nach einer Situation, in der sie etwas sagen hätte wollen, noch Stunden später drüber sinniert, was sie alles sagen hätte können!

Dieses völlige Unvermögen, das Gegenüber schlagfertig in seine Grenzen zu verweisen, ist daran schuld, dass ich so ungern Taxi fahre. Was ist denn bitte mit den Taxifahrern los? Ganz klar: Es gibt sehr viele, sehr nette Taxifahrer. Und sehr lustige, sehr hilfreiche und auch solche, die einen einfach kommentarlos von A nach B bringen. Aber ich erwische aus mir unbekannten Gründen gerne diejenigen, die außer der Fahrgastbeförderung noch eine ganz andere Mission haben, nämlich kundzutun, was an der aktuellen Lage der Welt falsch läuft, inklusive der Gründe dafür und wie genau das zu ändern sei. Man könnte meinen, ließe man nur endlich die Taxifahrer mal machen, dann würden die den Laden in Nullkommanichts aber sowas von aufräumen. Für meinen Geschmack hat dieses Aufräumen viel zu oft irgendwas mit den aktuellen Feindbildern des Fahrers zu tun, und wenn Sie in dem Moment nicht verbal einschreiten, dann steigern die sich in Abgründe hinein, da kommen Sie als normaler Mensch gar nicht hin. Vorbildlich hat das vor Jahren mal mein Freund Ole gelöst, während einer Taxifahrt quer durch München – als da das Wort »Kanaken« fiel, bat er den Fahrer höflich und lächelnd, die Fresse zu halten, er wolle solch rassistischen Scheiß nicht hören, danke.

Ich finde, er hat das wirklich gut und souverän gemacht – und allein wenn ich daran denke, das selbst sagen zu müssen, bekomme ich einen Schweißausbruch. Ich kann Konfrontation nicht so gut, besonders nicht mit Fremden. Also alles, was über böse Blicke und verächtliches Schnauben hinausgeht, fällt mir schwer, und das sind leider eher so mittelgute Maßnahmen im Angesicht eines lebenden, ausgewachsenen Vollspacken. Aus diesem Grund brauche ich ein Gefühl, das mindestens ebenso stark ist und das es mit der Angst vor Konfrontation aufnehmen kann. Ich habe eins gefunden, und zwar Solidarität.

Solidarität kann ich gut. Also sobald jemand in einen der Diskriminierungstöpfe greift und meint, die Ausländer/Flüchtlinge/Kanaken (lange nicht gehört)/Juden/Arbeitslosen/Gutmenschen etc. sind an allem schuld, sage ich: »Ich bin auch _____ (beliebige Personengruppe einsetzen).« Dann schaltet das Gegenüber vom Mein-Kampf-Modus in einen normalen, zwischenmenschlichen Modus um. Es ist noch nie passiert, dass mich jemand daraufhin blöd angegangen hat. Im Gegenteil, meistens herrscht dann betretenes Schweigen. Und so war ich schon alles Mögliche, lediglich nach einem »Die Schwarzen sind an allem Schuld«, warf der Taxifahrer bei »Ich bin auch schwarz« einen skeptischen Blick in den Rückspiegel.

»Pigmentstörung!«, zuckte ich mit den Achseln, und dann war auch da Ruhe. (Der Einzige, bei dem das nicht geklappt hat, war ein älterer Herr, der unablässig auf seine Frau schimpfte. »Ich bin ... Ihre Frau« kam mir dann doch nicht über die Lippen.)

Das Schöne ist, dass ich nicht streiten muss, nicht diskutieren und nicht in die offene Konfrontation gehen muss, das finde ich nämlich wirklich, wirklich schwierig, aber ich kann trotzdem etwas tun. Und es fühlt sich anders an. Können Sie sich daran erinnern, wie nach dem Anschlag auf die französische Satirezeitschrift *Charlie Hebdo* der Schriftzug *Je suis Charlie* (Ich bin Charlie) plötzlich überall auftauchte? Als Zeichen der Solidarität mit den ermordeten Redaktionsmitgliedern und einer freiheitlichen Denkweise? So fühlt sich das an. *Je suis* _____ (beliebige Personengruppe einsetzen).

Manchmal, und das ist wirklich schade, ist es aber gar nicht so, dass man einfach aus einem Taxi aussteigen kann, weil die Person, die einem so auf die Nerven geht, kein Taxifahrer ist. Und es gibt noch so viele andere Orte, an denen einem Menschen begegnen: beim Friseur, beim Familientreffen, beim Hundespaziergang, beim Elternabend, im Gym, bei der Arbeit. Die Welt ist ja praktisch voll mit Menschen und überall sind immer auch ein paar Vollspackos. Dabei ist es völlig egal, welches Geschlecht sie haben, welche Nationalität, Religion oder sexuelle Orientierung, es gibt sie in jeder Partei und in jeder Farbe. Wie Rosinen in einem Käsekuchen (dieser Vergleich macht jetzt für Sie nur Sinn, wenn Sie Rosinen auch so eklig finden).

Seit dem Virus laufen die auch völlig aus dem Ruder, habe ich den Eindruck.

Ich dachte früher immer, ich müsste denen dann irgendwie helfen, wenn sie mit kruden Thesen kommen. Gar nicht deshalb, weil mir das unbedingt Spaß macht, sondern mehr aus einer schrägen Form der Verantwortung heraus, weil das doch meine Pflicht ist! Man kann doch Leute nicht einfach mit so wirrem Zeug im Kopf weiter durchs Leben taumeln lassen, da muss man doch aufklärend eingreifen! Ich habe aber inzwischen zwei Dinge festgestellt:

1. Das geht gar nicht!

Und daraus folgt:

2. Das muss ich gar nicht!

Und das ist eine wirklich befreiende Einsicht.

Seit ich nun nicht mehr für die Hirnfürze anderer Leute zuständig bin (Hirnfürze anderer Leute am Arsch vorbei), gilt es, diesen irgendwie auszuweichen – und das muss einigermaßen nervenschonend passieren. Wie man das macht, habe ich durch das Kind gelernt. Als das noch ein Kleinkind war, konnte man heraufziehende Dramen mit einem interessierten Blick auf den Boden abwenden: »Oh, schau mal, eine Ameise!«

Diese Strategie funktioniert immer noch, musste nur mit steigendem Lebensalter etwas verfeinert werden.

Also wenn das Kind mich in leidige Diskussionen verstrickt, in denen es hauptsächlich um unsinnige Forderungen geht, zum Beispiel:

- eine mögliche Befreiung von der Schulpflicht für die nächsten 11,5 Jahre,
- das Installieren eines Fernsehers im Kinderzimmer,
- Gründe, die für eine Chihuahua-Zucht in unserer Wohnung sprechen ...

… dann kann es sein, dass ich nach einiger Zeit eine Ameisenfrage stelle, zum Beispiel: »Weißt du eigentlich, dass Chihuahuas aus Mexiko kommen? Da kommt auch die ›Lucha Libre‹ her, das ist wie Boxen, aber die Kämpfer und Kämpferinnen tragen Gesichtsmasken wie Superhelden!« Es muss nur interessant genug sein, um das vorangegangene Thema in den Schatten zu stellen. Was im Alltag mit Kindern hilft, ist − in abgewandelter Form − oft auch nützlich im Umgang mit ausgewachsenen Leuten, wenn es zu unsinnigen Diskussionen kommt.

»Ich glaube ja, und das ist auch längst bewiesen, dass Impfungen Autismus …« und Zack!, so schnell schaust du nicht, finde ich eine Ameisenfrage: »Es wurde ja auch gerade bewiesen, dass man mit dem Einpflanzen von Pilzgenen andere Pflanzen zum Leuchten bringen kann! Irre, oder?«

In dem Moment der Stille, der darauf folgt, heißt es dann Land gewinnen. Wenn man das Bedürfnis hat und die Nerven, kann man noch ein »Da kommen wir wohl nicht zusammen« vorneweg schicken und dann, ohne weiter darauf einzugehen: »Es wurde ja auch gerade bewiesen, dass man mit dem Einpflanzen von Pilzgenen andere Pflanzen zum Leuchten bringen kann! Irre, oder?« Im Ernst: Warum sollte man sich das antun? Es hat keinen Sinn, es macht keinen Spaß – man kann sie noch nicht mal essen.

Das heißt übrigens nicht, dass ich generell alle verteufle, die anderer Auffassung sind als ich. Wer meint, die Erde sei eine Scheibe oder es gebe Echsenmenschen, bitte, ich stehe da nicht im Weg. Ich bin sogar mit Anhängern gängiger Religionen befreundet, und die schießen ja, was Absurdität angeht, traditionell den Vogel ab. Unbefleckte Empfängnis – ich bitte Sie. Ich finde sogar die meisten Religionen ganz und gar unsympathisch. Was soll man von einem Gott halten, der statt den Weltfrieden zu bringen lieber auf einer Scheibe Toast erscheint?

Wäre es nach mir gegangen, hätten sich die Sikh durchgesetzt – das sind die, bei denen die Männer diese farbigen Turbane tragen. Das sieht schön aus, die sind freundlich, und im Gegensatz zu anderen fernöstlichen Import-Religionen lehnen sie die Askese entschieden ab. Das ist doch sympathisch! Zumindest viel sympathischer als diese ganzen Sünden-Hölle-Bestrafungs-Geschichten, die uns damals so eingebläut wurden. Die Sikh predigen außerdem Brüderlichkeit auch mit Nichtgläubigen (nimm das, Islam!), es gibt keine abenteuerliche Schöpfungsgeschichte, und sie lehnen Rituale, Pilgerfahrten, Aberglauben, Dogmen und religiöses Spezialistentum – wozu auch Priester gerechnet werden – ab. Was für eine geile Religion, oder? Eigentlich komisch, dass es nicht der Sikhismus ist, der sich als Glaubens-Alternative in westlichen Haushalten breitgemacht hat. Die haben sogar die cooleren Symbole! Unter anderem einen schicken Krummdolch (als Zeichen dafür, dass Sikhs Schwache und Unschuldige verteidigen – wie reizend ist das denn). Und

Armreifen! ARMREIFEN! Aber nein, anstatt hübsch mit ein bisschen Schmuck am Handgelenk zu klimpern, hängen wir uns Gebetsfahnen in den Garten oder einen totgefolterten Typen an die Wand ... Aber mich fragt ja keiner.

Ich bin auch mit Leuten befreundet, die zu Homöopathen gehen und auf Globuli vertrauen, und auch mit Leuten (einer), die glauben, tätowierte Augenbrauen sähen gut aus. Beides ist nichts für mich, habe ich festgestellt, aber absurder als eine unbefleckte Empfängnis finde ich das jetzt auch wieder nicht. Und wenn ich es mir bis hierher mit einem Haufen Leserinnen verscherzt habe, dann tut mir das leid: Ich liebe Sie trotzdem und vielleicht können Sie ja auch mit einer befreundet sein, die diesen Dingen nichts abgewinnen kann (also mit mir). Dafür dürfen Sie mich im Gegenzug gerne belächeln, weil ich vielleicht an etwas glaube, das Sie für völlig abwegig halten. Und auch das nehme ich Ihnen nicht übel.

Schließlich bestehen Leute aus so vielen verschiedenen Dingen. Anne zum Beispiel besteht aus diesen Dingen:

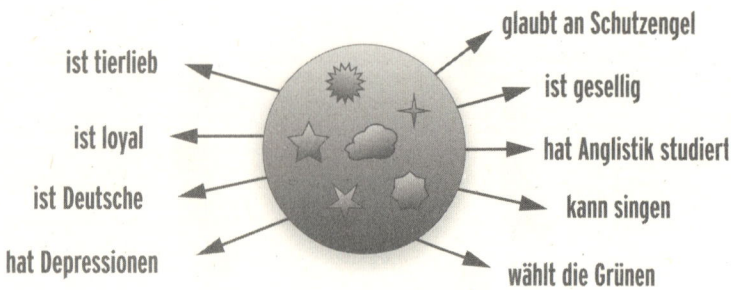

... und aus noch einer Million Dingen mehr, nämlich aus all ihren Erfahrungen, ihren Einstellungen, ihren Eigenschaften und ihrer rätselhaften Vorliebe für Filipinos (beruhigen Sie sich, das sind Kekse). Die Gesamtheit dieser Facetten ist Anne, und die finde ich großartig. Verstehe ich die Nummer mit den Schutzengeln? Nein! Macht aber ja nichts – Anne besteht ja aus mehr als aus Schutzengeln.

Sie besteht auch aus mehr als ihren Depressionen und aus mehr als ihrer Nationalität (das ist genau der Punkt, wo es bei Rassisten – den herkömmlichen ebenso wie den Islamisten – immer hakt: dass sie die Leute nicht mehr als Individuen sehen, sondern als Vertreter einer ihrer Eigenschaften. Der Nationalität, zum Beispiel, oder der Religion).

Bei Menschen, die man schon seit der Kindheit kennt, ist das zugegeben einfacher. Die kleine Evi, die in der Schule neben Ihnen gesessen ist und die Ihre beste Freundin wurde, mit der Sie jedes Geheimnis geteilt haben und den ersten Vollrausch – also wenn Sie sich glücklicherweise nicht aus den Augen verloren haben, dann kann Evi auch irgendetwas sein oder tun, das Sie eher schräg finden, vielleicht:

- ist sie extrem übergewichtig,
- hält sie vierzig Schlangen,
- lässt sie sich Unmengen Botox spritzen.

Sie werden trotzdem immer die gesamte Evi sehen. Auch wenn sie für andere »die Schlangenfrau« oder »die Botox-Tante« oder so etwas ist. Und weil das so ist, sollten wir vielleicht auch bei Leuten, die wir noch nicht seit unserer Kindheit kennen, versuchen, sie so zu sehen, wie sie sind, in all ihrer (mehr oder weniger) wunderbaren Vielfalt, auch, wenn Teile davon schräg daherkommen.

Wenn die Hirnfürzchen aber selbst im Vergleich mit einer unbefleckten Empfängnis zu groß werden und WENN SIE EINEM TIERISCH AUF DEN SACK GEHEN, denken Sie dran:

Sie sind nicht für alle Hirnfürze dieser Welt verantwortlich.

Und dann suchen Sie eine Ameise für Ihr Gegenüber.

Deutlich anders ist das natürlich, wenn den eigenen Lieben Hirnfürze querschießen. Meine esoterische Freundin Anne zum Beispiel hat da generell einen Hang zu. Den hat sie anscheinend mitsamt ihrer empfindlichen Haut und der sanften Stimme so mitbekommen, und der ist fest in ihren Grundeinstellungen verankert. Anne ist reizend, Anne ist wunderbar, und Anne glaubt an Schutzengel, Wasser-Energetisierung und die heilende Wirkung von bunten Steinen – auch nicht absurder als eine unbefleckte Empfängnis. Anne weiß, dass ich mit dem Esoterikkram nichts anfangen kann, aber sie liebt mich trotzdem – und ich nenne es nicht »Kram« in ihrer Gegenwart und liebe sie auch. Anne mitsamt ihrem OMM ist mir außerdem tausendmal lieber als Mitmenschen, die zwar überzeugungsmäßig voll auf meiner Länge liegen, aber leider totale Kotzbrocken sind. Weil mir nun diese Anne am Herzen liegt, nehme ich sie mitsamt ihren Ideen und Theorien durchaus ernst – ohne, dass ich alles, was Sie dufte findet, auch dufte finden muss. Aber ich höre mir das durchaus an.

Anne zum Beispiel war eine Zeit lang davon überzeugt, dass der Anschlag vom 11. September mit dem Wissen, wenn nicht sogar dem Zutun der Vereinigten Staaten verübt wurde. Weil mir viel an Anne liegt, habe ich mir das genau angehört. Ich habe mit ihr zusammen eine Dokumentation angesehen, die hauptsächlich dafür verantwortlich war, dass Anne zu diesem Schluss gekommen ist. Hauptsächlich geht es darin um die Art, wie die Zwillingstürme eingestürzt sind. (Offiziell haben die Stahlträger der Gebäude dem Feuer nicht standgehalten, Augenzeugen berichteten aber von mehreren Explosionen, die sie angeblich vor dem Einstürzen der Türme beobachtet haben).

Die Doku ist gut gemacht, sehr sachlich, hochwertig und mit vielen Fakten dekoriert, kurz: Der Film ist aus, und ich sehe Anne mit großen Augen an: »Das ist ja krass!« Ich bemerke ein Kitzeln in der Bauchgegend – wir sind da vielleicht etwas ganz Großem auf die Spur gekommen …! Zu meiner und unserer Entschuldigung kann ich noch anführen, dass uns diese Dokumentation von einem Freund und ehemaligem *Spiegel*-Auslandskorrespondenten empfohlen worden ist, der mit seinen Einschätzungen weltpolitischer Angelegenheiten meistens richtig liegt. Außerdem neige ich dazu, den Amis ALLES zuzutrauen – nun ja.

Am selben Abend halte ich vor L. eine Ansprache in Sachen »Du glaubst nicht, was ich heute gesehen habe« und nur beinahe hätte ich gesagt »herausgefunden habe«, den genauso fühlt es sich an. Als hätte ich etwas herausgefunden, das alle anderen Leute nicht herausgefunden haben.

Zu meiner großen Enttäuschung springt L. nicht vom Stuhl auf und ruft enthusiastisch »Potzblitz! Alex! Das ist ja Wahnsinn!«, sondern bleibt ruhig sitzen und sagt so etwas wie »hmhm«. Dafür hasse ich ihn kurz. Um ihn doch noch angemessen zu beeindrucken (und um Recht zu haben natürlich), mache ich mich an den Computer und recherchiere, was das Zeug hält. Überraschung: Alles, was in diesem Fall an Fakten dargelegt wurde, ist längst erklärt und widerlegt. Und zwar von seriösen Quellen.

Dafür hasse ich L. dann noch mal kurz etwas mehr und dieses schöne Gefühl, etwas herausgefunden zu haben, löst sich in Luft auf, die etwas frustriert riecht und mir peinlich ist.

Das schöne Gefühl übrigens, erfahre ich Jahre später, heißt in der Verhaltensökonomie »Ikea-Effekt« – er führt dazu, dass Menschen ein Möbelstück mehr wertschätzen, wenn sie selbst daran mitgewerkelt haben, selbst wenn sie nur diesen doofen Ikea-Inbusschlüssel im Kreis drehen müssen. Man sieht dann sogar über Mängel wohlwollender hinweg.

Das funktioniert zum Beispiel auch, wenn ich viel Geld für eine Sache oder eine Veranstaltung ausgebe, dann will ich umso mehr, dass sie mir gefällt. Psychologisch gesehen heißt das: Je mehr Aufwand ich in eine Angelegenheit stecke, desto mehr wünsche ich mir, dass die Entscheidung richtig und gut war. Neue Verschwörungstheorien spielen mit diesem Phänomen. Wer zum Beispiel bei Anhängern von QAnon mitmachen will, einer Gruppe Verschwörungstheoretikern, die mit der Absurdität ihrer Theorien durchaus an die Sache mit der unbefleckten Empfängnis rankommt, muss zum Beispiel (einen sehr kleinen, aber doch) Aufwand betreiben. Dort werden einem nämlich Fragen gestellt, die man selbst im Internet recherchieren soll. Man recherchiert sich also durch ein paar YouTube-Videos und erarbeitet sich so seine Verschwörung selbst – QAnon ist so eine Art Billy-Regal unter den Verschwörungstheoretikern. Eigentlich genial.

Das macht die Theorie so wertvoll und wahr. Und deshalb werden klassische Medien auch mit aller Kraft abgewehrt, das sind ja »vorgefertigte«, also schon zusammengebaute Meinungen. Da kann man sich ein bisschen wie Robin Hood fühlen, und das ist ein schönes Gefühl. Gleichzeitig muss die Theorie selbst keine

Beweise liefern, das ist natürlich praktisch. Und seit ich weiß, wie schön dieses Gefühl ist (und wie trügerisch), bin ich immer skeptisch, wenn es heißt:

WIR SIND ALLE IN GROßER GEFAHR!
NUR WIR (sehr kleiner Personenkreis) KÖNNEN ES SEHEN!
ALLE ANDEREN LÜGEN!

Bevor ich mich da wieder einer ganz großen Nummer auf der Spur wähne, lohnt ein zweiter Blick. Was mit Anne los ist seit Corona, das können Sie sich vielleicht ungefähr vorstellen – nur so viel: Leicht ist es nicht. Aber so ernst ich eben Anne nehme, so ernst nimmt sie auch mich, und zusammen beißen wir uns durch alle möglichen Thesen, die da so hochkochen. Aber genau da ist der Unterschied: Für und mit Anne mache ich das (und sie mit mir), da macht es auch Sinn, und für die eigenen Lieben ist man durchaus verantwortlich. Ich würde ihr ja auch ins Gewissen reden, wenn sie, sagen wir, auf die Idee käme, sich eine Waschmaschine auf den Rücken tätowieren zu lassen.

Aber für Ulf vom Fitnesscenter bin ich nicht verantwortlich, ich kann mich ja nicht um alles kümmern. Und Sie sich auch nicht.

VOLLSPACKOS IM INTERNET

Internetprofile, habe ich festgestellt, folgen ganz oft dem Flippige-Mode-Gesetz. Kennen Sie das? Das kommt von Modegeschäften, auf deren Schild über dem Schaufenster so etwas wie »Flippige Mode« steht. Beim ersten Blick in dieses Schaufenster können Sie sich davon überzeugen, dass dieses Gesetz stimmt:

Nie und unter gar keinen Umständen gibt es in einem Geschäft mit dem Namen »Flippige Mode« tatsächlich flippige Mode. Es gibt meistens genau das Gegenteil davon. Genauso verhält es sich übrigens mit Leuten, die ein Schild mit Patriotismus oder Religion recht plakativ vor sich hertragen:

- Die, die sich Patriotismus umhängen, sind meist nicht patriotisch.
- Die, die sich Religion umhängen, sind meist nicht religiös.
- Die, die sich »Flippige Mode« übers Schaufenster hängen, haben keine flippige Mode.

Übertragen auf Leute im Internet kann man sehen: Das funktioniert auch da. Ich entschuldige mich im Vorfeld mal bei denen, die hier die Ausnahme darstellen, aber: Viele von denen, die in ihren Profilfotos und ihren Posts *be kind* propagieren, sind ja wohl mit die niederträchtigsten, ätzendsten Knallerbsen, die man sich so vorstellen kann.

Ich habe für die einen wunderbaren Knopf gefunden, den ich auch im echten Leben gerne betätige, nämlich: *Alles von dieser Person verbergen.* Mir werden also keine Nachrichten mehr von dieser Person angezeigt. Ähnliche Möglichkeiten habe ich auf allen sozialen Netzwerken, und ich mache freudestrahlend davon Gebrauch. Egal wer sich warum als Dummbeutel outet – ich guck mir kurz aus purer Neugier die Fotos an, denke mir jedes Mal *Krass, was aus süßen Babys alles werden kann,* und weg mit dem Dummbeutel. Denn diskutieren mit Dummbeuteln, erinnern Sie sich an unsere glorreiche Einsicht:

1. Geht gar nicht!

Und daraus folgt:

2. Das muss ich gar nicht!

Wie absurd das ist und wie viel wertvolle Zeit man dabei verschwendet, wird mir an einem gemütlichen Abend zuhause klar: L. und das Kind sind in der Küche mit der Vorbereitung von Spaghetti Carbonara beschäftigt, sie haben das Radio an, es läuft der Klassiker *The Lion spleeps tonight* und immer wenn im Refrain dieses *A-weema-weh, a-weema-weh, a-weema-weh, a-weema-weh* ertönt, singen die beiden aus vollem Hals: »A Wimmerle, a Wimmerle, a Wimmerle …« Es ist entzückend.

Ich bekomme davon allerdings nicht viel mit, ich sitze nämlich nebenan im Wohnzimmer an meinem Laptop und rege mich tierisch über einen Kommentar unter einem Artikel auf, in dem jemand einen so offensichtlich unwahren Quatsch schreibt, dass ich gar nicht weiß, wo ich anfangen soll. Als ich meine Antwort darauf zweimal wieder lösche und mitten im dritten Entwurf bin, erscheint L.'s Kopf im Türrahmen: »Magst du nicht kommen? Essen ist bald fertig?!« und streckt mir dabei ein Glas Wein entgegen.

»Gleich«, wehre ich ab und deute auf den Bildschirm, »ich muss hier noch was machen«, und dann bringt L. es mit einem Satz auf den Punkt: »Naaa?«, lächelt er und nickt mit dem Kopf Richtung Laptop, »hat jemand im Internet mal wieder Unrecht?«

Spricht's und verschwindet wieder in der Küche. Ja, muss ich mir eingestehen, jemand im Internet hat mal wieder Unrecht. Noch nicht mal jemand, den ich kenne. Und während die Familie eine gute Zeit hat und ich in der Küche mit Wein, Spaghetti, Kind und Hund und L. singen könnte, ärgere ich mich hier mit einem Ulf rum. Das ist so bescheuert. Noch dazu, wenn man die Einsicht 1 bedenkt: *Das bringt gar nichts.*

Ich bin mir ganz sicher, dass noch nie, nie, nie bei einer Diskussion im Internet irgendein Hohlbrot mal diesen Satz gesagt hat: »Ich bin zwar ein sexistisches, rassistisches, faschistisches, antisemitisches (suchen Sie sich was aus) Hohlbrot, aber deine Argumente haben mich überzeugt.« Stattdessen fallen Sätze, die Wünsche beinhalten, was Ihnen und Ihren Argumenten bitte alles zustoßen solle. Im besten Fall. Im schlechtesten Fall lädt Ulf seine ganzen Kumpels ein, Ihnen ebenfalls ihre Wünsche auszusprechen und schon haben Sie einen grässlichen Pulk von Orks an der Backe.

Da kommt man nur schlecht drauf von. Ich schlage mich in meiner Freizeit nicht mehr mit Ulfs herum – ich muss mir ihren Quark noch nicht mal anhören. Ulfs sind irrelevant. Nicht nur für mich, auch generell. Die Einzigen, die im erweiterten Sinne nicht irrelevant sind, sind die, die gefährlich werden, und um die möge sich bitte jemand kümmern, der sich damit auskennt (was außer den offiziellen Stellen viele, oft ehrenamtliche Organisationen ganz hervorragend tun, und wir könnten uns ruhig mehr bedanken).

Ich bin auch müde darauf hinzuweisen, dass die Quelle www.glaub-meinen-Scheiß.com eventuell ein nicht durch und durch seriöses Nachrichtenportal ist, auf dem jede Menge Beiträge, die vermeintlich für gequälte Tiere, Liebe und Freiheit, gegen Kindesmissbrauch oder für eine würdige Rente plädieren und außerdem noch Wohnmobile verlosen, in echt nur dazu da sind, um Leute einzufangen, um sie dann mit rechter Gesinnungspost zu versorgen oder abzuzocken oder beides. Wenn ich mir den ganzen Mist reinziehe, rege ich mich total auf.

Alles, was dich ärgert, ist da, um dich Geduld zu lehren.

… heißt es da prompt von der Fraktion mit den besinnlichen Buddha-Sprüchen. »Nope«, sage ich, wenn mich etwas ärgert, darf ich es auch einfach aus meinem Leben entfernen, ich brauche meine Geduld für andere Dinge, für die Erziehung des Kindes, das In-der-Supermarktschlange-Warten und die Praktikumsberichte der Auszubildenden zum Beispiel.

Ich rege mich nicht mehr total auf, es bringt nämlich überhaupt nichts, und ich mache die Welt auch nicht zu einem besseren Ort, wenn ich das aushalte – es ist sozusagen eine klassische Lose-lose-lose-Situation.

VOLLSPACKIGE NEWS

Dass ich mich total aufrege (und Sie sich auch), ist übrigens meistens genau so gewollt. Also nicht von Ulf persönlich, aber von denen, die über Ulfs berichten: Medien generell, nicht nur die sozialen Plattformen, leben davon. Und so lösen sie eine Empörungswelle nach der anderen aus. Können Sie sich erinnern, wie viele Berichte es über die Corona-Demos in Berlin gab? Allein bei Google bekommt man zu diesem Stichwort Stand heute über 133 Millionen Ergebnisse darüber. Wenn man sich auf Nachrichten und Artikel begrenzt, sind es immer noch 7 Millionen.

Nur mal so zum Vergleich, wenn wir das im Verhältnis zur Teilnehmerzahl besagter Demos betrachten, dann sähe das ungefähr so aus: Stellen Sie sich vor, ein paar Tausend Leute diskutieren über ein Thema. Sagen wir über Ernährung. Oder über Elektromobilität, suchen Sie sich etwas aus. Einer von diesen vielen Tausend Menschen ruft mit einem Megaphon so laut er kann immer wieder »Ich bin eine Bohne!« oder »Knallerbsen!« dazwischen. Wenn ihn jemand fragt, was das soll, stellt sich heraus, dass er das Thema nicht verstanden hat, worauf er entgegnet, seine Meinung werde unterdrückt und er lebe in einer Diktatur. Was nicht passiert: Es rollen alle mit den Augen, nehmen ihm das Megaphon ab und diskutieren weiter. Was passiert: Videos des Knallerbsen-Mannes werden in allen Nachrichten gezeigt, Politiker skandieren »Wir müssen den Knallerbsen-Mann ernst nehmen«, Journalisten erstellen aufwendige Persönlichkeitsanalysen des Herrn, und es gibt Talkshows über Hülsenfrüchte. Absurd? Eben. Aber eben auch sehr einträglich, denn so was hat ja das Faszinationspotenzial eines Verkehrsunfalls.

Und das ist nur die Art von Nachrichten, die auf Aufmerksamkeit generell abzielen. Abgesehen davon gibt es natürlich jede Menge »Meldungen«, die Halbwahrheiten und Extremmeinungen, PR und Propaganda jeglicher Art verbreiten, immer mit einer Schlagzeile oder einem Bild, das möglichst starke Emotionen hervorruft. Und schuld sind wir auch noch selber, weil wir einfach so verlässlich darauf anspringen. Bei niedlichen Katzenvideos ist das ja auch noch verständlich, die Emotionen, die da kommen, sind ja angenehm – aber warum sollte man freiwillig in Wut und Hass baden? Warum so viel schnellkochende Instant-Empörung? Also, warum die veröffentlicht werden, ist schon klar, die Aufmerksamkeit und die Klicks von Leuten sind ja Geld – aber warum suhlt man sich als Konsument da drin?

Es hilft ja niemandem. Fühlen wir uns nicht mehr lebendig genug? Wollen wir uns nicht lieber ein paar Emotionen selber basteln, anstatt sie zu konsumieren? Wollen wir da nicht einfach weggehen? Im Ernst: Es passiert ja nichts, wir haben noch nicht mal Einfluss auf den Quatsch. Wir könnten dieses Paralleluniversum der Meldungen einfach verlassen. So, wie wenn Sie plötzlich nicht mehr zu den Fashion Weeks nach Mailand oder Paris fahren. Das ist auch ein Paralleluniversum, und es ist für viele Akteure der Punkt, um den sich ihre Welt dreht – und es ist ebenfalls völlig egal für die Welt, ob Sie dort auftauchen oder nicht.

Selbst die »normalen« Nachrichten kann man eigentlich getrost auf ein Minimum eindampfen, denn wie viel davon ist schon wirklich relevant – das fällt mir auf, als ich im Zuge eines runden Geburtstags der Tagesschau die erste Sendung ansehe. Da ist zu sehen:

- zwei Staatschefs, die sich über ein Abkommen austauschen, Interviews mit beiden, worin sie sich zufrieden über den Fortschritt der Gespräche äußerten, aber auch zu bedenken gaben, dass es noch Rückschläge geben könnte.
- die Gründung einer Dachorganisation von Interessenverbänden.
- dass die Währungskonferenz tagt.
- Die Absicht von Aserbaidschan, die Unabhängigkeit zu erreichen, was von der Sowjetunion verworfen wird.
- Ein Flughafen wird eröffnet.
- Ein Hurrikan in den USA verursacht einen Milliardenschaden.
- Kritik der Gewerkschaften auf eine Äußerung des Wirtschaftsministers Haussmann.
- Die Automobilausstellung vermeldet einen Besucherrekord.
- Ein Mehrfamilienhaus in der saarländischen Gemeinde Merchweiler wird durch eine Explosion vollständig zerstört, es gibt einen Toten.

»So what?«, möchte man doch sagen, stünde da nicht im Satz vorher ein Toter, was das Ganze etwas unfein machen würde. Aber im Ernst: Hat eine dieser Nachrichten für mich irgendeinen Mehrwert? Würde irgendwas passieren, hätte ich diese Nachrichten nicht gesehen? Habe ich durch diese Nachrichten irgendetwas besser verstanden? Das wäre doch dreimal ein Nein, wären wir bei einer Castingshow.

»Aaaaaber«, hakt Anne ein und zieht die Augenbrauen nach oben, »wenn es um Natur- oder Hungerkatastrophen geht oder Kriege ... willst du da wegschauen? Man kann doch nicht das Leiden der Menschen einfach ausblenden!«

Ja, da bekomme ich tatsächlich ein schlechtes Gewissen – andererseits: Hilft es den armen Leuten irgendwie, dass ich vor der Tagesschau sitze, ihnen beim Leiden zusehe und Mitgefühl empfinde? Schon wieder ein Nein. Es hilft nicht im Geringsten. Im Gegenteil: Es ist eigentlich pervers, dabei zuzusehen, wie Verletzte aus einem zerbombten Haus gezogen werden. Die Einzigen, die davon profitieren, sind die Nachrichtenbetreiber selbst, denn viele Zuschauer bringen viel Werbegeld, und auch Soziale Plattformen verdienen Geld damit, weil viele Betrachter ebenfalls viel Geld bringen (durch Werbung) und außerdem wissen sie anhand der Daten, welchen Themen Sie besonders viel Aufmerksamkeit schenken. Es hilft auch nicht, betroffen Bildchen oder Sprüche oder Anteilnahme auf sozialen Medien zu verbreiten. Das Einzige, das hilft, ist ganz schnödes Geld. Aber selbst da würde ich mich nicht auf die Nachrichten verlassen, denn dort wird gezeigt, was aktuell ist und bildermäßig mords was hermacht. Es gibt Katastrophen, die dauern einfach schon zu lange oder sind so komplex, dass sie für die Nachrichten nicht interessant sind.

Spenden Sie Geld, am besten an die Spezialisten, die wissen nämlich, wo es gerade am dringendsten gebraucht wird, an *Ärzte ohne Grenzen* zum Beispiel. Informieren Sie sich über die Welt und die Themen, über die Sie gerne Bescheid wüssten, und am besten anhand von gut recherchierten Artikeln von echten Journalisten, engagieren Sie sich für die Dinge, die Ihnen wichtig erscheinen – und lassen Sie den Rest probehalber mal weg. Sie werden sehen: Außer einer anfänglichen Panik, dass Sie »die Welt« nicht mehr unter Kontrolle haben, was Sie nie hatten, passiert nichts. Sie werden nur ausgeglichener, konzentrierter und ruhiger.

NOTIZ AN MICH SELBST

Sie überzeugen Ulf nicht, folglich sind Sie auch nicht für Ulf verantwortlich.

Im Internet nicht und im echten Leben auch nicht.

9. WARUM DAS SO WICHTIG IST

Am Arsch vorbei geht auch ein Weg begann ursprünglich als launiger Selbstversuch, geboren aus der Erkenntnis, dass das Leben schöner ist, wenn man den Mist weglässt: unrealistische Ansprüche, vermeintliche Verpflichtungen, beknackte Mitmenschen, hysterische Kindergarten-WhatsApp-Gruppen und noch Hunderte Dinge mehr, die das Potenzial haben, einem tierisch auf die Nerven zu gehen. Das Besinnen darauf, was man selbst möchte (und vor allem, was nicht) und was gut für eine/n ist, kann eine völlig neue Erfahrung sein, wenn man das nicht gewohnt ist.

Will ich das überhaupt? ist ja eine Frage, die zum Teil recht überraschende Antworten liefert – wenn man sie denn mal stellt.

- Nein
- Eigentlich nicht
- Unter gar keinen Umständen!

… kann da herauskommen und darauf folgt dann die Frage: *Warum mache ich _____ dann überhaupt?*

Es gibt jeden Tag im Leben so viele Dinge, die man getrost weglassen kann. Mehr noch: die man weglassen sollte. Weil sie unwichtig sind, weil sie einen unglücklich machen oder traurig, vor allem aber, weil sie Platz wegnehmen. Und zwar den Dingen, die uns nicht am Arsch vorbeigehen, denen, die uns wichtig sind – mit denen haben wir schon genug zu tun, besonders wenn unsere Welt einer Schneekugel ähnelt, die gerade kräftig durchgeschüttelt wurde.

Mehr als je zuvor sind wir auf das zurückgeworfen, was wirklich wichtig ist. Wer und was zählt noch, wenn es stürmisch wird?

Und plötzlich geht es auch nicht nur mehr um unsere kleine, private Welt – mir kommt es so vor, als spürten die meisten, dass wir in einer nicht so fernen Zukunft nicht mehr so leben können, wie wir bisher gelebt haben. Es ist so ein diffuses Gefühl, das sich anschleicht und das man vielleicht gar nicht so genau benennen kann, aber: Es liegt in der Luft. Diese Ungewissheit kann Angst machen und eventuell bringt diese Angst in manchen Menschen nicht gerade die besten Eigenschaften zum Vorschein. Gleichzeitig wirft sie aber all die Fragen auf, die wir viel zu lange in einen Schrank geschlossen haben, und der jetzt einfach nicht mehr zugeht:

Wie wollen wir leben? Warum ist alles so beschissen? Und wie ändert man das? Warum haben sehr wenige sehr viel – und sehr viele sehr wenig? Und warum blicken die Vielen auf der Suche nach Schuld stets nach unten zu denen, die überhaupt nichts haben? Warum wird die Welt finanziellen Interessen geopfert und warum gibt es so viele, die sich weniger Qual in der Massentierhaltung wünschen – und es passiert trotzdem nichts? Was sind unsere Prioritäten, und was tun wir, wenn regierende Politiker den Wünschen des Geldes entsprechen und sagen, es geht nicht anders?

Stellen wir uns vor, es gäbe einen magischen Hebel: Wenn wir ihn umlegen, könnten wir den Welthunger beenden und niemand müsste mehr auf der Straße schlafen, das Klimaproblem würde gelöst und jeder Mensch hätte ein sicheres Heim. Aber wenn wir ihn umlegen, würden wir die Ordnung der Welt neu denken müssen – und einige Milliardäre und Multimillionäre dieser Welt würden etwas von ihrem Geld und ihrem Einfluss verlieren. Würden wir den Hebel umlegen? Wer weiß? Es gibt so viele Themen, die wichtig sind und die wir in der Hand haben. So viel, das unser Handeln braucht. Also lassen wir die unnützen Dinge weg, es ist kein Platz mehr für sie: Wir haben Besseres zu tun …

Es ist übrigens völlig normal, sich Sorgen zu machen und Angst zu haben, und alle, die bis jetzt nur einen bis drei Nervenzusammenbrüche hatten, schlagen sich sehr tapfer. Aber aus einem Zusammenbruch kann immer auch Gutes entstehen, und ob die Welt sich zum Besten oder zum Schlimmsten neigt, haben wir selbst in der Hand. Ich rechne fest mit euch.

Alles Liebe,
Alexandra

So geht Am-Arsch-Vorbei:

ZUM NICHT-VERGESSEN UND MITNEHMEN – UND AM BESTEN ERGÄNZEN

Es gibt ein Überangebot, das einem den Eindruck vermitteln kann, man sollte viel mehr unternehmen.

Man kann sogar so etwas wie ein schlechtes Gewissen bekommen, weil man so viel verpasst.

Es ist ein Trugschluss, man müsste etwas »tun«, um mehr Genuss ins Leben zu bringen.

Es ist außerdem ein Trugschluss, dieses »Tun« wäre etwas, das wir konsumieren können.

Welche Aktivitäten könnte ich streichen? Ist das schade oder eher erleichternd? Und was passiert mit meiner Stimmung, wenn ich es tue?

_____

_____

_____

Auch Kindern dürfen Sachen am Arsch vorbei gehen, wenn auch nicht immer die, die sie selbst auswählen.

Langeweile muss man aushalten, dann kommt etwas dabei raus, mit dem niemand gerechnet hat.

Dinge, die sich meine Kinder am Arsch vorbei gehen lassen dürfen:

―――――――――――――――――――――――――――

―――――――――――――――――――――――――――

Und welche nicht:

―――――――――――――――――――――――――――

Man ist gar nicht zur Auskunft verpflichtet! Besonders nicht gegenüber Leuten, bei denen man das nicht will, über Dinge, die sie nichts angehen.

Über was rede ich nicht gerne mit Menschen, die ich nicht zu meinen besten Freunden zähle?

―――――――――――――――――――――――――――

―――――――――――――――――――――――――――

Wenn ich darauf angesprochen werde, welches ist die perfekte Antwort?

_____

_____

Sie überzeugen Ulf nicht, folglich sind Sie auch nicht für Ulf verantwortlich. Im Internet nicht und im echten Leben auch nicht.

Medien, dich ich streichen kann:

_____

Ulfe, die ich streichen kann:

_____

Themen, die mich besonders aufregen und mit wem ich nicht darüber diskutieren muss:

_____

UND NOCH EIN PAAR BONUSFRAGEN, ÜBER DIE ES SICH LOHNT, NACHZUDENKEN:

Was ist mir peinlich? Was an mir ist uncool?

_____

Warum ist mir XY unangenehm? _____ .
Weil dann alle denken, ich wäre _____ .

Denken Sie selbst, Sie sind _____ ?
Warum? Kümmern Sie sich darum.
Sie sind nicht _____ .

Welchen Groll habe ich und gegen wen?

_____

Interpretiere ich Aussagen negativ, wenn sie von einer bestimmten Person kommen? Was speziell?

_____

Wie würde ich das Gleiche interpretieren, wenn es von meiner liebsten Freundin käme?

_____

Mache ich mir Sorgen um Dinge, die womöglich nie eintreten werden?
Ja, um diese hier:

———————————————————

Die letzte Situation, in der ich um eine schlagfertige Antwort gegenüber einem Vollspacken verlegen war:

———————————————————

Was ich das nächste Mal sagen werde, wenn sich die Situation wieder ergibt:

———————————————————

Die Art Vollspacken, die ich mir anhand der Erkenntnis ‚Das geht nicht' von nun an am Arsch vorbei gehen lasse:

———————————————————

———————————————————

———————————————————

Und zum Schluss:
Wenn ich eine Frau bin:
HABE ICH MICH UM MEINE FINANZEN GEKÜMMERT?

———————————————————

ÜBER DIE AUTORIN

Alexandra Reinwarth ist Bestsellerautorin und hat neben der Reihe »Was ich an dir liebe« schon viele andere erfolgreiche Bücher für die Verlage riva und mvg geschrieben. Dazu gehören auch die aktuellen *Spiegel*-Bestseller »Am Arsch vorbei geht auch ein Weg« und »Das Leben ist zu kurz für später«. Sie lebt mit ihrer Familie in Valencia, wo sie als Produzentin und Autorin tätig ist.

256 Seiten
16,99€ (D) | 17,50 € (A)
ISBN 978-3-7474-0043-2

Alexandra Reinwarth

Glaub nicht alles, was du denkst

Wie du deine Denkfehler entlarvst und endlich freie Entscheidungen triffst

Alexandra Reinwarth trifft ihre Entscheidungen rational. Also einigermaßen. Das dachte sie zumindest, bis sie sich intensiver mit der Frage beschäftigte, ob das 17. Paar schwarze Schuhe im Schrank wirklich nötig war. Jetzt weiß sie: Der Verstand hat nichts zu melden. Regelmäßig wird man von anerzogenen Denkfehlern in die Irre geführt.

Scharfsinnig und witzig zeigt Alexandra Reinwarth, wie man diesen Fehlern auf die Spur kommt und endlich kluge Entscheidungen trifft. Eine unerlässliche Hilfe für alle, die sich wundern, warum sie gute Vorsätze nie einhalten, tolle Ideen nicht umsetzen und dauernd Dinge kaufen, die sie niemals brauchen werden.

mvgverlag

240 Seiten
16,99 € (D) | 17,50 € (A)
ISBN 978-3-86882-916-7

Alexandra Reinwarth
Das Leben ist zu kurz für später
Stell dir vor, du hast nur noch ein Jahr - ein Selbstversuch, der dein Leben verbessern wird

Einen Tag nach ihrem Todestag wacht Alexandra Reinwarth morgens auf – und ist glücklicher als je zuvor. Und nichts ist mehr so, wie es einmal war.

Aber von vorne: Es gibt Momente, in denen einem klar wird, dass es so nicht weitergehen kann, dass sich das Leben ändern muss. In einem genau solchen Moment entschließt sich Alexandra Reinwarth zu einem spannenden Selbstversuch: Sie wird so leben, als wäre es ihr letztes Jahr. Und dieses Experiment ändert alles: Wie aus Sorgen, Stress und Anspannung ein Leben ohne Wenn und Aber mit völlig neuen Prioritäten und überraschenden Zielen wurde, erzählt sie in ihrer unnachahmlich humorvollen Art und zeigt, was passiert, wenn man wirklich im Jetzt lebt!

mvgverlag

Haben Sie Interesse an unseren Büchern?

Zum Beispiel als Geschenk für Ihre Kundenbindungsprojekte?

Dann fordern Sie unsere attraktiven Sonderkonditionen an.

Weitere Informationen erhalten Sie bei unserem Vertriebsteam unter **+49 89 651285-252**

oder schreiben Sie uns per E-Mail an:
vertrieb@m-vg.de